Die Kunst der Traumdeutung

Träume verstehen, deuten und kontrollieren

Mehr Glück und Zufriedenheit durch die Macht der Träume und die Kraft des Unterbewusstseins

inkl. Traumtagebuch als Download

HENRY KUNTZ

Inhaltsverzeichnis

Vorwort

Jeder Mensch träumt während des Schlafes, wenn auch nicht jeder Traum am Morgen noch in lebhafter Erinnerung bleibt. Doch wer sich an einen besonders eindrucksvollen Traum erinnern kann, fragt sich meist nach dem Grund und der Bedeutung seines nächtlichen Abenteuers. Dieses Buch will Ihnen dabei helfen, ein wenig Licht in das vermeintliche Dunkel Ihrer Träume zu bringen, damit Sie Ihre Träume und damit auch sich selbst besser verstehen.

Die hohe Kunst der Traumdeutung ist vermutlich schon sehr alt; Träume spielen seit jeher eine Rolle im Leben der Menschen. Im Laufe der Zeit hat sich die Kunst der Traumdeutung weiterentwickelt und ist heute zu einem wesentlichen Teilbereich der Psychologie geworden; aber auch Religionen, die Esoterik und die Spiritualität beschäftigen sich mit ihnen.

Während unsere Vorfahren und auch viele Naturvölker noch glaubten, unsere Träume seien von den Göttern gesandt und sie als Zeichen ihrer Gunst oder Missgunst deuteten, sind Psychologen und Psychoanalytiker heute anderer Meinung. Träume werden u.a. als Verarbeitungsprozesse unverarbeiteter Erlebnisse und somit als eine Art innerseelischer Reinigungsprozess erachtet. Ähnlich wie sich auch der Körper zum Teil wieder regenerieren kann, soll für die Seele das Träumen eine Form der Selbstregulation darstellen.

Doch, dass das Träumen so viel mehr sein kann als das, was uns Anthropologen und Psychoanalytiker sagen, beweisen die unzähligen Berichte von Menschen, die sich sicher sind, prophetische oder luzide Träume gehabt bzw. im Traum Antworten auf für Sie wichtige Fragen erhalten zu haben. Denn bei all den verschiedenen Ansätzen und Meinungen zum Thema Träume, scheint es ebenso eine gemeinsame Überzeugung zu geben: Die Gewissheit, dass Träumen eine Bedeutung zukommt, die für jeden nur individuell und persönlich erfahrbar ist.

Das Ihnen vorliegende Buch möchte Antworten auf die vielen Fragen rund um die Deutung und Bedeutung des Träumens geben und das Thema aus unterschiedlichen

Blickwinkeln beleuchten. Auch wenn Ihre Träume nicht unbedingt von Gott oder den Göttern kommen (aber wer weiß das schon?), sind sie doch Spiegel Ihrer innerseelischen Lebensbühne, deren Bühnenvorhang sich ohne Träume wahrscheinlich niemals lüften würde.

Daher ist dieses Buch allen Träumern dieser Welt gewidmet, die das Geheimnis eigener oder auch fremder Traumlandschaften und ihrer Symbole enthüllen und sich selbst und anderen dadurch näherkommen möchten.

Die Geschichte der Traumdeutung

Es gab eine Zeit, als Medizin, Wissenschaft und Religion noch nicht getrennte Wege gingen. Da war der Medizinmann ein Schamane, der Zeichen und Träume deutete, Menschen heilte und Geister anrief. Heilen und (Traum-) Deuten waren meist eng miteinander verwandt. Das Wissen um diese Künste wurde mündlich überliefert. Später, als die ersten (Schrift-) Zeichen erfunden waren, konnte das Wissen schriftlich weitergegeben werden. Diese ersten Buchstaben waren vorwiegend selbst noch Zeichen mit symbolträchtiger Bedeutung, die sich dem Menschen erschließen (oder eben verschließen) konnte. Mithilfe dieser Zeichen und den ersten Buchstaben konnten die Menschen nun ihre Träume aufzeichnen und sie so für alle anderen und sich selbst sichtbar - und in späterer Folge analysierbar - machen.

Die allerersten Traumdeutungsbücher

Eines der ersten Völker, die ein Buch über die Symbolik der Träume und ihrer Bedeutung verfassten, waren die alten Ägypter, die vor rund 4.000 Jahren das vermutlich erste Traumbuch verfassten: Auf einem Papyrus, dem man die Bedeutung im Traum erschienener Symbole entnehmen konnte. Doch auch vor den Zeiten des Papyrus zeichneten die Ägypter die wichtigsten, immer wiederkehrenden Traumsymbole auf. Sie meißelten sie in Steine und Höhlenwände, wo sie für die Nachwelt erhalten blieben. Ägyptische Traumdeuter unterschieden schon in der Antike zwischen gewöhnlichen Träumen und heiligen oder prophetischen Eingebungen, die sich nicht nur auf den Träumenden selbst bezogen, sondern dem ganzen Volke galten.

Auch außerhalb von Ägypten wurde die Symbolik der Traumdeutung schriftlich festgehalten: Auf den Tontafeln von Ninive beispielsweise, die man in der alten Bibliothek König Assurbanipals fand. Nach ihm, der von 669-631/627 v.Chr. König von Assyrien war, wurden diese Tafeln benannt. Als Traumbuch des Assurbanipal sind sie noch heute bekannt. Sie enthalten Aufzeichnungen über die damalige Deutung typischer Traumsymbole, die bis heute nichts an Aktualität und Bedeutung verloren haben. Doch anders als heute galten Träume, besonders Träume ranghöherer Personen, als bedeutsam und heilig.

Die Babylonier maßen ihren Träumen ebenfalls eine Bedeutung bei. Sie verstanden einen Traum vor allem als Hinweis auf die Zukunft. Das Deuten besonderer Träume war hier oftmals den Priestern vorbehalten, die die Traumdeutung als ihre heilige Aufgabe ansahen, wodurch sie an Respekt und Ansehen beim Volk gewannen.

Traumdeutung im alten Griechenland

Auch die alten Griechen waren Meister in der Symbol- und Traumdeutung. Bereits in den Asklepiostempeln wurde die Traumdeutung als eine Form der Psychotherapie angewandt. Man glaubte, die Götter sprächen zu den Träumenden und könnten dadurch Leib und Seele heilen.

Bekannt geworden ist vor allem der heilige Tempelschlaf, der Asklepios gewidmet war, welcher als Gott des Heils und der Medizin galt.

Der auch als Inkubationsschlaf bezeichnete Tempelschlaf war so etwas wie ein heiliger Akt und besonders dazu da, Kranke von ihren Gebrechen zu heilen. Wer in einem dieser heiligen Tempel schlafen durfte, musste sich erst mit Hilfe zahlreicher Rituale auf den Tempelschlaf und seinen symbolträchtigen, von Asklepios gesandten Traum vorbereiten. Zu diesen Ritualen gehörten nicht selten Opfergaben, ein- oder mehrtägiges Fasten sowie eine streng geregelte Kleiderordnung. Zusätzlich stimmten Gebete und ritueller Gesang die Kranken auf das kommende Erlebnis ein, bevor sie sich in das Heiligtum - den Schlafraum des Asklepieions - begeben durften. Im Traum begegneten sie Asklepios, der in unterschiedlichen Erscheinungen auftreten konnte. So soll es zu allerlei Wunderheilungen gekommen sein, nachdem Asklepios Kranke im Traum behandelte oder Ratschläge und Anweisungen für eine Behandlung gab. War der Traum jedoch symbolisch verschlüsselt, wurde er zuerst gedeutet, um dadurch konkrete Therapieanweisungen inklusive medikamentöser Behandlung zu erhalten.

Heraklit sprach von der Bedeutung des individuell Erlebten, welches im Gedächtnis ruhte und im Traum wieder erlebbar wurde. Er mutmaßte, dass sich der Schlafende in seine ihm eigene Innenwelt, die er „ídios kósmos", die Welt der Träume und Ideen" nannte, zurückzog. Auch der griechische Arzt Hippokrates interessierte sich für nicht alltägliche Träume seiner Patienten. Diese hielt er sogar schriftlich fest und entwickelte seine Rezepte und Behandlungen in Abhängigkeit zu den jeweiligen Träumen.

Der Philosoph Platon, ein Schüler Sokrates, war der Meinung, dass Menschen stets das Gegenteil von dem träumten, was sie im Wachzustand tatsächlich dachten und in die Tat umsetzten. Sein Schüler, Aristoteles, war überzeugt, anhand der Träume zukünftige Krankheiten vorhersehen zu können. Von ihm soll der Spruch „Träume sind der Ausdruck jeder geistigen Tätigkeit im Zustand des Schlafes" stammen. Er vertrat unter anderem die Meinung, einzelne Organe könnten sich durch Träume Gehör verschaffen, und zwar noch bevor es zum eigentlichen Ausbruch einer Krankheit kam.

Ein Traumdeuter, der noch heute als Vorreiter der modernen Traumdeutung gilt, ist Artemidor von Daldis (96 - ca. 150 n.Chr.). Der aus der damals griechischen Stadt Ephesos stammende Artemidor - sein Name wurde aber nach der Heimatstadt seiner Mutter, dem lydischen Daldis, als Artemidor von Daldis überliefert - verstand sich bereits recht früh als Traumdeuter und Wahrsager und kannte nach eigenen Aussagen wohl jedes Buch über Traumdeutung, welches es zu seiner Zeit gab. Der Gott Apollon habe ihn dann dazu inspiriert, ein eigenes Buch über Träume und deren Bedeutung zu verfassen, in welchem er die Seele als Verursacherin von Träumen postulierte. Dieses 5-bändige Werk „Oneirocritica" (die Interpretation der Träume) offenbart den typischen Aberglaube der Antike und zeugt dennoch von der Ernsthaftigkeit, mit der Artemidor versuchte, System und Struktur in das unerklärliche Phänomen der Träume zu bringen. Das Werk wurde später sogar ins Lateinische übersetzt und selbst der „Vater der Psychoanalyse" Sigmund Freud scheute sich nicht davor, das „Traumbuch" des Artemidor in seinem eigenen Werk „Die Traumdeutung" zu zitieren.

Traumdeuter wie Artemidor galten im antiken Griechenland als angesehene Ratgeber, die sowohl psychologisch als auch religiös geschult waren. Dabei unterschied man schon im antiken Griechenland zwischen Träumen, die rein organischen Ursachen wie Durst oder Harndrang entsprangen und Träumen, die emotional begründet waren. Letztere wurden noch einmal eingeteilt in bedeutsame und weniger bedeutsame Träume. Gerade die Träume, die für den Träumenden von Bedeutung waren, zeigten sich laut Artemidor oftmals eher durch bestimmte Symbole, die je nach kultureller Herkunft des Träumenden, eine andere Deutung zuließen. Er war davon überzeugt, dass es sowohl allgemeingültige Symbole gab, die sich aus dem kulturellen und religiösen Einfluss ergaben, als auch eine individuelle Symbolik, die nur für den Betroffenen eine ganz bestimmte Bedeutung hatte. Dieses jeweils voneinander zu unterscheiden und richtig zu deuten, war seiner Meinung nach das Handwerk eines professionellen Traumdeuters. So befand er es für unerlässlich, auch über das Privat- und Berufsleben so wie die körperliche und geistig-seelische Gesundheit des Träumers unterrichtet zu werden, um dessen Träume deuten zu können.

Kein Wunder also, dass Artemidor noch heute als „Vater der Traumdeutung" bezeichnet wird. Er war damit weit mehr als ein herkömmlicher Traumdeuter. Vielmehr war er ein begleitender Therapeut, der den Träumenden dazu aufrief, sich mit sich selbst und seinem Innenleben zu beschäftigen, wenn die Seele sich im Traum offenbarte und dem Träumenden etwas für ihn Wichtiges mitteilen wollte.

Während sich Artemidor eher mit der psychologischen Seite der Trauminhalte beschäftigte, galten Träume im gemeinen Volk und unter anderen Traumdeutern noch lange Zeit als übernatürliche Botschaften von Göttern oder Dämonen. Sie wurden als Prophezeiungen zukünftiger Ereignisse interpretiert, in denen bestimmte Symbole als Hinweis für den Verlauf oder Ausgang eines Ereignisses galten. Die Deutung typischer Symbole ist auch heute noch Teil der modernen Traumdeutung, wenn auch eher im Sinne von Artemidor, der die Symbolik eher der menschlichen Seele, als fremden Göttern und Dämonen zuordnete.

Träume im Schamanismus

Auch bei vielen Naturvölkern und deren Schamanen maß man Träumen eine wichtige Bedeutung zu. Dabei gab es gerade bei den schamanischen Träumen selbst 3 unterschiedliche Traumkategorien. So sprach man von visionären Träumen, wenn es sich um Träume handelte, die eine Art Sicht einer möglichen Zukunft darstellten.

Ein magischer Traum wiederum war von spirituellen und magischen Symbolen besetzt. Die wohl bekannteste Traumart im Schamanismus ist der Krafttraum, der nicht selten auch das eigene Krafttier oder die Botschaft eines Tieres für den Träumenden offenbarte. Allgemein lässt sich sagen, dass sowohl der Kontakt zu den Ahnen als auch zu Vergangenheit und Zukunft eine große Rolle in den Träumen der schamanischen Tradition spielten, was sich bis heute nicht geändert hat.

Gerade auch im modernen Schamanismus spricht man vom Loslösen des Energiekörpers vom physischen Körper. Für den nicht-materiellen Energiekörper gelten keine Gesetze wie die von Zeit und Raum. So kann dieser sowohl in die Zukunft als auch in die Vergangenheit und durch das gesamte Universum reisen und die auf der Reise gesammelten Erkenntnisse mit in das Hier und Jetzt bringen. Die reichhaltige Symbolik kann nur ein echter Schamane - meist intuitiv - entschlüsseln. Das Reisen in die Unter- und Oberwelt oder in die mittlere Ebene ist eng mit den visionären Träumen verwandt und kann ebenfalls nur von einem ausgebildeten Schamanen unternommen werden.

Träume in weiteren Kulturen

In den indischen Veden wird davor gewarnt, Schlafende unvermittelt zu wecken. Denn im Hinduismus existiert eine recht ähnliche Vorstellung wie bei den Schamanen.

Auch hier ist davon die Rede, dass die Seele während des Schlafes auf Reisen geht und sich in dieser Zeit - fern vom Körper - eine eigene Welt kreiert. Wird der Schlafende inmitten des Traumes geweckt, kann es geschehen, dass die Seele nicht mehr in den Körper zurückkommt, bevor der Schlafende erwacht.

Auch im jüdischen Gebetsbuch Siddur ist zu lesen, dass der gerade Erwachte Gott dafür danken soll (das jüdische Gebet Mode ani - ich bedanke mich - betend), dass er ihm nach dem Schlaf seine Seele wiedergegeben hat.

Die Vorstellung, dass die Seele während des Schlafes den Körper verlässt und es dadurch zu Träumen kommt, ist in vielen Kulturen und Religionen verbreitet.

Im alten China sah man Träume ebenso als das Bereisen unbekannter Welten an. Dabei konnten Träume entweder Glück oder Unglück verheißen, was beamtete Traumdeuter herauszufinden bemüht waren. Dabei wurde gar nicht so sehr zwischen Traum- und Wachzustand unterschieden, sondern beide Zustände als untrennbar miteinander verbunden angenommen. Die alten Chinesen kannten ein Buch mit dem Namen „Die hohen Grundsätze der Traumdeutung". Dieses soll im 16. Jahrhundert durch den taoistischen Schriftsteller Chen Shiyuan mit verfasst worden sein. Hier wird erläutert, wie der Träumende feststellen kann, dass er träumt. Umgekehrt erfährt der Leser, worin er dies vom Wachzustand unterscheiden und wie er beide Zustände in vollem Bewusstsein erleben kann.

Dieser Gedanke, dass beide Welten – die des Traumes und die im Wachzustand wahrgenommene Welt – absolut real sind, kommt besonders gut in dem bekannten Gedicht des Philosophen und Dichters Zhuangzi zur Geltung:

Schmetterling

Gestern Nacht träumte ich,
ich wär ein Schmetterling
und flog von Blume zu Blume.
Da erwachte ich und siehe:
Alles war nur ein Traum.
Jetzt weiß ich nicht:
Bin ich ein Mensch, der träumte,
er sei ein Schmetterling
oder bin ich ein Schmetterling,
der träumt, er sei ein Mensch?

Bei den alten Maya galten Träume ebenfalls als heilig und boten die Möglichkeit, mit den Ahnen in Verbindung zu treten oder einen Blick in eine mögliche Zukunft zu werfen. Sich wiederholende Angst- oder Verlustträume wurden als warnende Hinweise verstanden, eine Verhaltensweise oder auch ein Vorhaben zu ändern. Das Schicksal des Träumenden war eng mit dem Traumgeschehen verbunden und der Zeitpunkt für große Änderungen und Wendepunkte im Leben wurde dem Menschen oftmals über einen Traum mitgeteilt.

Traumdeutung heute: Von fremden Göttern zum eigenen Selbst

In allen Kulturen und Religionen galten Träume als beachtenswert. Recht früh versuchte man sie zu deuten und stellte Ähnlichkeiten in der Traumsymbolik fest. Mit Hilfe der Traumdeutung bzw. Oneirologie (griechisch) wollte man die Bedeutung der im Traum gesichteten Symbole entschlüsseln. Diese enthielten nicht selten eine wichtige Botschaft für den Träumenden. Nach und nach entwickelte sich die Traumdeutung jedoch zu einem psychologischen Instrumentarium, um unbewusste Seeleninhalte sichtbar und deutbar zu machen. Die moderne Traumdeutung, wie sie heute gerade in der Psychoanalyse betrieben wird, kann jedoch sehr viel mehr sein. Je nachdem, ob der deutende Psychoanalytiker ein Anhänger von Freud, Jung oder einem deren Schüler ist, kann eine Traumdeutung auch dabei helfen, einen anstehenden Initiationsschritt zu vollziehen. Seeleninhalte und bislang verdrängte Charaktereigenschaften, die sich im Traum offenbaren, in sein Selbstbild zu integrieren, kann eine heilsame Erfahrung sein und einen echten Wandlungsprozess einläuten. Spirituell gesehen kann ein Traum als Zeichen des Höheren Selbst verstanden werden. Wer diese Zeichen für sich selbst lesen und verstehen kann, nimmt an einem beständigen geistig-seelischen Wachstums- und Wandlungsprozess teil, indem er seine vermeintlichen Schattenseiten in sein Selbstbild integriert.

Für Philosophen und Wissenschaftler jedoch galt das Träumen mit seinen Symbolen allerdings weder als bedeutungsvoll noch als übernatürlich. So kam es, dass das Interpretieren von Träumen ab dem 18. Jahrhundert stark säkularisiert und psychologisiert wurde. Nach und nach fand auf dem Sektor der Wissenschaft eine Entmystifizierung der Trauminhalte statt, die sich jedoch nicht überall durchsetzen konnte. So ist das Geheimnis um die Bedeutung von Träumen und das Träumen generell noch heute nicht gänzlich ergründet und wird es womöglich auch niemals sein.

Traumdeutung nach Freud und Jung

1. Sigmund Freud

Sigmund Freud wurde am 6. Mai 1856 geboren und begann im Jahre 1872 an der Wiener Universität sein Medizinstudium. Der Sohn jüdischer Eltern heiratete 1886 Martha Bernays und wurde Vater von sechs Kindern. Einige Zeit war er in der Forschung tätig, womit er sich und seine Familie jedoch nicht ernähren konnte. Daher entschloss er sich, in die medizinische Praxis überzuwechseln. Aus diesem Grund war er für drei Jahre an einem Wiener Krankenhaus tätig, welches er verließ, um in Paris für fünf Monate mit einem dort bekannten Neurologen zusammenzuarbeiten. Hierbei entwickelte er seine Faszination für den Bereich der Neurosen und der Hysterie. Er habilitierte im gleichen Jahr und konnte seine eigene Praxis im April des darauffolgenden Jahres eröffnen.

Im Laufe der folgenden Jahre wuchs sein Interesse auf dem Gebiet der Neurologie und Psychiatrie, weshalb er einen ebenfalls in Frankreich ansässigen Neurologen und Psychiater aufsuchte, dessen Experimente in Sachen Hypnose und Suggestion ihn weiter in die Materie des menschlichen Unterbewusstseins eintauchen ließen. Das systematische, analytische Suchen nach dem Unbewussten im Menschen nannte er später selbst „Psychoanalyse". Daher gilt Sigmund Freud noch heute als „Vater und Begründer der modernen Psychoanalyse".

Ein wesentlicher Baustein seiner Psychoanalyse ist die Deutung der Träume seiner Patienten. So kam es, dass Freud auch diese neu interpretierte und seine eigene Theorie über die Ursache und Deutung von Träumen aufstellte. Im Jahre 1899 veröffentlichte er das Buch „Die Traumdeutung", welches noch heute als eines der Grundelemente seiner Psychoanalyse angesehen wird.

Freud sprach vom Traum als „Wächter und Hüter des Schlafes". Seiner Meinung nach würden im Traum verdrängte Wünsche - aktuelle Wünsche genauso wie aus der Kindheit herrührende - im Traum selbst, wenn auch oftmals in Symbole gekleidet, zur Erfüllung kommen. Über die Deutung dieser Trauminhalte könnte man unbewusste

Seeleninhalte sichtbar machen, sie sei daher der „Königsweg“, um Inhalte des Unbewussten zu entlarven.

In Freuds Traumdeutung spielen die wichtigsten Bausteine seiner Psychoanalyse die Hauptrolle, was auch in seinem Buch „Die Traumdeutung“ sichtbar wird.

Diese Hauptelemente, die sich durch die gesamte Psychoanalyse und auch die Traumdeutung ziehen, sind vor allem die 3 folgenden Faktoren:

Das Unbewusste

Freud sah im Unbewussten eines (erwachsenen) Menschen einen Zusammenschluss aus verdrängten oder abgewehrten Seelenanteilen, die aus einer inneren Ablehnungshaltung heraus (unbewusst) aus dem Bewusstsein verdrängt wurden. Vor allem sah Freud vorhandene Triebe, die dem Betroffenen eher peinlich wären, Ängste auslösen oder auf eine andere Weise unangenehm sind, als wesentlichen Inhalt des Unbewussten. Diese Inhalte geben sich teilweise in entstellter Form im Traum zu erkennen.

Die Verdrängung

Diese steht für einen innerlich zensierenden Abwehrmechanismus, durch welchen noch nicht gänzlich zum Bewusstsein emporgestiegene Vorstellungen, Wünsche oder auch reale, aber für den Betroffenen schwer zu ertragende Sachverhalte, nicht bewusst werden können.

Der Ödipuskonflikt

Dieser von Freud geprägte Begriff steht für die sich wandelnde Gefühlswelt eines Kindes gegenüber seinen Eltern, die gerade in der phallischen (ödipalen) Phase der Kindheit recht ambivalente Formen annehmen kann. Als phallische Phase bezeichnete Freud den Zeitraum zwischen dem 3. und 5. Lebensjahr des Kindes. Während dieser Phase - so Freud - empfindet das männliche Kind völlig unbewusst eine Art der sexuellen Begierde gegenüber der leiblichen Mutter. Als Folge dieser verdrängten Begierde wird der Vater als störender Rivale wahrgenommen und es entsteht - ebenfalls unbewusst - der Wunsch, ihn zu töten, um die Mutter für sich zu haben. Dies wiederum verursacht Schuldgefühle und eine daraus entstehende Angst vor Entdeckung und Bestrafung. All dies kann sich - auch noch beim Erwachsenen - in lebhaften Träumen entladen.

Freuds Traumanalyse

Laut Freud sind es also vor allem inakzeptable und infantile Wünsche, die nach indirekter Erfüllung rufen, da sie im Widerspruch zu bewussten Ansichten des Träumenden stehen. Der Traum bietet einen Kompromiss zwischen der eigenen Abwehrtendenz und dem unerfüllten (triebhaften) Wunsch.

Mittels einer gezielten Traumanalyse können diese unbewussten Wünsche ebenso wie die eigenen Abwehrmechanismen abgeleitet und bewusst gemacht werden. Freud nahm damit einen eindeutigen Zusammenhang zwischen der persönlichen Lebensgeschichte des Träumenden und seinen Träumen an. Träume galten für ihn als der Schlüssel zum Tor des Unbewussten, wobei das innere und äußere Erleben miteinander interagieren und sich gegenseitig beeinflussen kann. Als wesentlichen Ursache-Faktor für das Träumen nahm er jedoch das Verdrängen infantiler Triebe an. Diese noch nicht sichtbar gewordenen, unbewussten Traumgedanken „verkleiden" sich sozusagen mit Hilfe einer entsprechenden Symbolik und entkommen so der innerseelischen Zensur.

Freud sieht also in den Traumsymbolen einen unbewussten Versuch, der innerseelischen Zensur zu entgehen, indem sich wichtige, ansonsten verdrängte Inhalte in einer Art (harmloseren) Symbolsprache mitteilen. Diesen Akt des Kompromisses bzw. Wandlungsprozesses der versteckten, verdrängten Inhalte in eine vom Zensor akzeptierte Form, nannte er „Traumarbeit". Die Symbolik und Verdichtung, die mehrere Faktoren zu einem Ganzen verbindet, wird meist in eine sinnvolle Geschichte eingebettet und so im Traum mit allen Sinnen erlebt.

Es besteht kein Zweifel daran, dass die Arbeit und das Werk Freuds einen unschätzbaren Wert für die Nachwelt bieten. Dennoch kann und muss vieles an Freuds Thesen auch kritisch gesehen werden.

Das bei seiner Art der Traumdeutung und Interpretation einseitige Fokussieren auf verdrängte, negativ besetzte Vorstellungen und Wünsche, die laut Freud meist sexuellen Charakter besitzen, wurde und wird nicht nur von seinen Schülern kritisiert. Einige sind sogar der Meinung, dass Freud womöglich Opfer seiner eigenen, ihm unbewussten Projektionen war und einer eingehenden Psychoanalyse bedürft hätte. Diese einseitige Fokussierung ging – laut Meinung seiner Kritiker – zu Lasten eines ganzheitlichen Menschen- und Weltbildes, was sich auch in der Art seiner Traumdeutung bemerkbar machte.

2. Carl Gustav Jung

Carl Gustav Jung wurde am 26. Juli 1875 in der Schweiz als Sohn eines Pfarrers der Reformierten Kirche geboren.

Mit 20 Jahren nahm er sein Medizinstudium an der Universität auf und spezialisierte sich nach einiger Zeit auf das Fach Psychiatrie. Im Jahr 1900 arbeitete er als Assistent unter der Leitung Eugen Bleulers an der Psychiatrischen Universitätsklinik Burghölzli. Zwei Jahre später veröffentlichter er seine Dissertation mit dem Titel „Zur Psychologie und Pathologie sogenannter okkulter Phänomene". Das Thema faszinierte ihn, seit er bei Bleuler mit Patienten arbeitete, die unter einer „gespaltenen Persönlichkeit" litten, wie die dissoziative Identitätsstörung damals genannt wurde.

Bereits früh inspirierten ihn die Werke Freuds und andere Arbeiten angesehener Psychologen und Parapsychologen. Im Jahr 1903 heiratete er Emma Rauschenberg, habilitierte 1905 und wurde Oberarzt in der Psychiatrischen Klinik Burghölzli. Ein wichtiges Anliegen war ihm stets seine eigens angestellten Forschungen zum Thema „Diagnostische Assoziation".

1907 begegnete er erstmals Sigmund Freud und führte ein dreizehnstündiges Gespräch mit ihm. Sie fanden Gemeinsamkeiten und Unterschiede innerhalb ihrer jeweiligen Theorien. Ein wesentlicher Unterschied war Freuds Sexualtheorie, die Jung nicht uneingeschränkt teilen wollte. Denn er bezog auch Religion, Spiritualität und irrationale, parapsychologische Begebenheiten mit in seine Überlegungen ein, während der materialistisch denkende Freud dies als unsinnig betrachtete.

Jung, der kurz zuvor zum außerordentlichen Professor für Psychiatrie ernannt worden war, blieb sich und seinen Ansichten jedoch treu und eröffnete 1909 seine private Praxis in Küsnacht am Rigi.

Jung machte sich stets seine eigenen Gedanken zur Analytischen Psychologie, die sich in vielen Dingen von den Aussagen Freuds unterscheiden. Auch das Phänomen der Träume und deren Deutung zog ihn unwiderruflich in seinen Bann.

So wie sich die Jung'sche Psychoanalyse weiterhin von der Freuds unterschied, so unterschied sich auch seine Traumtheorie. Zwar waren Träume für ihn ebenfalls als Ausdrucksmöglichkeit des Unterbewusstseins eines Menschen zu erkennen, dennoch teilte er Freuds einseitige Erklärung, die sich auf die Libido und deren Unterdrückung als Ursache für Träume (Triebtheorie) beschränkte, in keiner Weise. Jung sah im Traum eher den Versuch, am Tage Erlebtes aufzuarbeiten. Diesen Ansatz erweiterte er jedoch bald, um zwischen bedeutsamen und alltäglichen, unbedeutenden Träumen, zu unterscheiden.

Als bedeutsame Träume bezeichnete er vor allem archetypisch und präkognitiv geprägte Träume. Auch sogenannte Wiederholungsträume, die seiner Meinung nach ein ungelöstes Problem des Träumenden aufzeigten. Ebenso sah er in ihnen Lösungsversuche des Unterbewusstseins, wobei nicht wenige Träume tatsächlich auch eine erstaunliche Lösung für das bereits länger bestehende Problem aufzeigen.

Träume von eindeutig kompensatorischem Charakter hielt er ebenso für bedeutend und untersuchungswert.

Während die zuletzt genannten Traumkategorien eher der Persönlichkeitsgeschichte des Träumenden entspringen, sah er in sogenannten „archetypischen" Träumen eine tiefere Ursache.

Archetypen — was ist damit gemeint?

Der Begriff „Archetypen" beinhaltet das griechische arché, welches so viel wie „Ursprung" bedeutet. Der Begriff umschreibt eine Urprägung, eine Urgestalt in der Form einer innerseelischen Struktur, die mit einem bestimmten Verhaltens-, Emotions- und Denkmuster einhergeht. Diesem Archetyp wird gewissermaßen etwas „angedichtet" und tatsächlich sind Archetypen so etwas wie Figuren mit stark verdichteten, festen, typischen Charakterzügen.

Archetypen sind demnach innerseelische, kollektive Urbilder, also universelle Ideen und Vorstellungen. Diese Urbilder sind Teil des kollektiven Unbewussten, welches sich alle Menschen – oft unabhängig von Herkunft und Sprache – unbewusst teilen. Da gibt es den Unbekannten, den Heiligen, die große Mutter, das Kind und andere symbolträchtige Erscheinungen. Nicht nur im Traum finden wir diese Urbilder, die Jung als „Archetypen" benannte. Auch in vielen Märchen (etwa der Gebrüder Grimm), in alten Legenden, aber ebenso in jeder Religion sind archetypische Erscheinungsbilder enthalten. In Märchen sind es nicht selten die böse Stiefmutter, das gute Mädchen, der Prinz und andere Figuren, die sozusagen bedeutungsschwanger eine Hauptrolle spielen. In manch einer Religion, aber auch in der Politik, ist es ein Befreier oder ein Heiliger, der die Menschen aus einer unerträglichen Lage befreit. Doch all diese Figuren, diese Archetypen, sind auch Facetten eines jeden Menschen. Daher können wir uns im Film oder Buch mit manchen Charakteren besonders gut identifizieren. Wir projizieren diese eigenen, unbewussten, ungelebten, verdrängten Seelenanteile oft unbewusst auf andere Menschen. Genau dies passiert nach Jung ebenso in unseren Träumen, in denen uns der Schurke unser Portemonnaie stiehlt, die große Mutter uns an ihrem Busen nährt oder der Weise uns etwas für uns Wichtiges mitteilt. Der Traum ist gleichsam die Bühne, auf der unser Schauspiel, unsere (Traum)Geschichte stattfindet. Wir sind zugleich der Träumer und der Autor bzw. Produzent unserer Träume. Doch nach Jung stammen diese Archetypen nicht nur aus persönlichen Seelenanteilen respektive dem persönlichen Schatten, sondern oftmals aus einer tieferen, universalen Ebene: Dem kollektiven Unbewussten, welches die Erfahrungen der gesamten Menschheit in sich vereint. In Träumen kann es also durchaus geschehen, dass sich persönliches, individuelles Traummaterial mit Aspekten aus diesem kollektiven Unbewussten vermischt. Dann handelt es sich um einen archetypischen Traum, der für den Träumenden eine für ihn wichtige Botschaft aus den Tiefen des Unbewussten enthält.

Während sich nach Jung die Archetypen lediglich in Bezug auf ihren Inhalt über Generationen vererben lassen, sind die Formen, also die Symbole selbst, wandelbar und von der Herkunft, der Religion, der Kultur und der persönlichen Geschichte des Träumenden abhängig. So finden wir bei den Archetypen astrologische und mythologische Motive genauso wie Motive, die aus dem Bereich der Alchemie stammen.

Jungs Konzept der Archetypen ist weder streng definiert, noch in der Zahl der möglichen Archetypen begrenzt.

Jung entdeckte, dass Träume von Menschen, die weder einen Bezug zur Alchemie noch Kenntnis über dieselbe besaßen, trotzdem bestimmte archetypische alchemistische Symbole enthalten konnten. Daraufhin unterschied er deutlich zwischen dem persönlichen Unbewussten und dem kollektiven Unbewussten, welches lediglich Archetypen beinhaltet.

Jungs übergeordnete, archetypische Strukturen in Psyche und Traum

Jung erkannte in den Träumen seiner Patienten recht schnell bestimmte Strukturen, die in ähnlicher Form immer wieder auftraten. Diese schienen von der seelischen Grundstruktur des Träumenden abhängig zu sein bzw. diese anteilsweise symbolisch darzustellen.

Folgende „Seelenanteile" und Bereiche der Psyche des Träumenden ordnete er bestimmten Symbolen zu:

Das Ich oder Ich-Bewusstsein

Das Bewusstsein von einem Ich ist ein Komplex, welcher sowohl die Vorstellung über das Ich als auch die Identifikation mit diesem Ich beinhaltet. Alles, was nicht in diese Vorstellung vom Ich passt und nicht Teil der Selbstidentifikation ist, ist Nicht-Ich und wird als solches als außerhalb vom eigenen Ich wahrgenommen. Doch diese Art der Wahrnehmung ist sehr eingeschränkt, werden doch auch wichtige, aber unbewusste, verdrängte Seelenanteile ebenfalls als von außen kommend wahrgenommen, indem sie auf andere Menschen projiziert werden. Je mehr Seelenanteile nach außen projiziert werden, desto größer der Schatten (das persönliche Unbewusste) und desto kleiner das Ich-Bewusstsein. Im Traum könnte ein Mensch mit einem mangelhaften Ich-Bewusstsein im Gegensatz zu anderen sehr klein sein, um dem Träumenden seine persönliche Wahrnehmung und seinen Minderwertigkeitskomplex vor Augen zu führen. Aber auch das Gegenteil kann der Fall sein, indem der Träumende im Gegensatz zu anderen Personen im Traum als übergroß erscheint. Dies könnte als ein Kompensations-Versuch der Psyche angesehen werden, da die „Wahrheit" so unerträglich scheint, dass diese verstellt und versteckt werden muss.

Auch die sogenannte Persona ist laut Jung Teil des Ich-Bewusstseins. Sie ist gleichsam die Maske, durch die unsere Person nach außen hin sichtbar wird. Sie ist der Teil des Ich-Bewusstseins, der an die äußere Welt angepasst sein und ein gut funktionierendes, gesellschaftlich anerkanntes Erscheinungsbild darstellen muss.

Der Schatten

Laut Jung gibt es einmal den persönlichen Schatten als Teil des persönlichen Unbewussten und daneben ebenso einen archetypischen Schatten des kollektiven Unbewussten. Im Traum kann dieser Schatten sich tatsächlich zu einer „dunklen", nicht klar umrissenen Figur verdichten, der die „unerwünschten" Seelenanteile offenbart, die nicht mit der Persona vereinbar, wenn auch dennoch als solches vorhanden sind. Auch als dunkler Doppelgänger oder gesichtsloser Widersacher zeigt sich der Schatten im archetypisch geprägten Traum. Diese persönliche Schattenfigur ist daher meist ebenso Teil des gemeinschaftlich-kollektiven Schattens. Der archetypische Schatten wiederum ist oft religiös bedingt und wird recht verallgemeinert als „Das Böse" dargestellt.

Der Schatten ist primär der nicht durch das Bewusstsein erhellte Teil der persönlichen Ganzheit. Es ist der Teil des persönlichen Unbewussten, der zwar dem Ich am nächsten steht, aber dennoch aus dem Ich-Bewusstsein ausgegrenzt und als nicht zugehörig erlebt wird. Oftmals besteht der Schatten aus unerwünschten Eigenschaften, die nicht gesellschaftskonform und damit für den Betreffenden scheinbar nicht tragbar und auszuhalten sind. Dennoch muss es sich dabei nicht immer um typisch menschliche Schwächen handeln. Auch Stärken (Licht unter den Scheffel stellen), Emotionen, Wünsche und verdrängte seelische und körperliche Bedürfnisse können einen Teil des Schattens ausmachen. Diese Schattenanteile (an)zu erkennen, umzuwandeln und in das eigene Selbstbild zu integrieren, ist ein wesentlicher Teil der Individuation, aber auch der Psychoanalyse, in der der Schatten Stück für Stück gleichsam durchleuchtet wird. So wird aus dem ehemals kleinen, eingeschränkten Ich ein um wesentliche Seelenanteile bereichertes „Selbst". Dieses wird in einem archetypisch geprägten Traum oftmals als Kreis, Mandala, Lichtbringer oder auch als Sonne dargestellt, die das Dunkel der Welt (bzw. der Seele) erhellt.

Die Anima

Die Anima ist als Archetypus untrennbar mit ihrem Gegenstück, dem Animus, verbunden.

Sie stellt Jung zufolge weit mehr als nur das innere Bild der Frau im Manne respektive seine weibliche Seite dar. Denn auch Frauen tragen neben ihrem Animus eine Anima in sich. Dabei entspricht dieses Bild einer Verdichtung überlieferter Erfahrungen, die weit bis in die Ur-Ahnenreihe zurückgehen. Dieses archetypische Urbild der Frau ist mit ganz besonderen Eigenschaften ausgestattet, die sich im Traum in unterschiedlicher Symbolik zeigen. Sie stehen oftmals konträr zum bewussten Ich des Träumenden, weshalb auch die Anima meist im Schatten des Mannes ihr Dasein fristet.

So gesehen fehlt dem Träumenden dieser urweibliche (Yin) Anteil zu seiner Ganzheit, weshalb die Anima im Alltag auf nicht immer gesellschaftskonforme Weise oder aber auch im Traum auf sich aufmerksam macht. Vorwiegend wird die Anima im Traum als typisch mütterlich-weiblich oder sexuell anziehende Fremde verkörpert. Sie kann ebenso eine weise, alte Frau wie eine becircende Sirene sein und - je nach Verhältnis zur eigenen, inneren Weiblichkeit (vorrangig im Mann) - sowohl positiv als auch negativ erlebt werden.

Der Animus

Der Animus gilt als archetypisches Symbol für das Männliche. Im Traum wie auch in der Psyche sind es meist Frauen, die ihrem inneren Animus begegnen. Dieses Urbild ist ebenso ein oft unbewusster Persönlichkeitsanteil in der Frau wie die Anima im Manne. Der Animus vereint typisch männliche Eigenschaften wie logisches Denken, Pragmatismus, Durchsetzungskraft, Angriffslustigkeit und ein vornehmlich starkes Selbstbewusstsein. Dies sind ohnehin eher Eigenschaften, die jahrhundertelang als unweiblich galten und daher in der Frau im Bereich des kollektiven, wie persönlichen Schatten lagen. Diese männliche Seite der Frau sucht sich nun durch unkontrollierte Verhaltensweisen wie Rationalisieren, Rechthaberei und andere negativ besetzte Eigenschaften ihren Weg in den Alltag, solange sie nicht bewusst integriert und sinnvoll eingesetzt wird. Im Traum macht sich Animus ebenso bemerkbar – ob in positiv erlebten Figuren wie dem starken Helden oder dem spirituellen Guru oder aber auch eher negativ als Vergewaltiger, Verfolger oder ähnlich furchterregenden Gestalten. Dies gilt zumindest, solange er in der Frau oder auch im Mann ein Schattendasein führt. Denn auch bei einem Mann können die typisch männlichen Anteile und Facetten ungenutzt im Schattenbereich liegen.

Das Selbst

Das Selbst stellt Jung zufolge die innerpsychische Ganzheit und ebenso das innerste Zentrum des Menschen dar. Es vereint Licht und Schatten, das Ich-Bewusstsein und die unbewussten, verdrängten Seelenanteile. Im Traum wird das Selbst daher durch charakteristische Symbole wie ein Mandala, das Yin-Yang-Symbol, als untrennbare Einheit hinter der Polarität, als Kreis, in dessen Mitte eine Kerze stehen kann oder ähnliche Symbole erlebt.

Träume aus wissenschaftlicher Sicht betrachtet

Auch innerhalb der Bereiche der Wissenschaft lässt sich ein Traum unterschiedlich interpretieren.

Während der Psychologe das Träumen für ein psychisches Phänomen hält, sieht die Neurophysiologie im Traum ein neuronales Ereignis, welches sich während des Schlafes als Traum manifestiert. Dabei scheinen psychische Spannungen abgebaut zu werden, was für das Zentrale Nervensystem von wichtiger Bedeutung ist. Die Neurophysiologie, die die unterschiedlichen Schlafphasen über das Elektronenenzephalogramm (EEG) sichtbar machen kann, entdeckte, dass in der sogenannten REM-Phase bildhafte Träume entstehen.

Die Unterscheidung zwischen REM- und Non-REM-Phasen spielt für die neurophysiologische Traum- und Schlafforschung eine wichtige Rolle. Während die REM-Phase recht lebhafte, emotional besetzte, symbolreiche Träume hervorbringt, ist die Non-Rem-Phase im Hinblick auf Träume weniger interessant.

Traumdeutung – Träume richtig deuten und verstehen

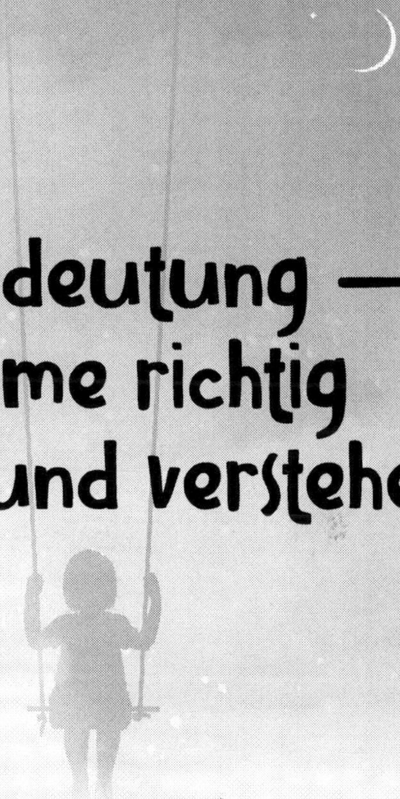

Seine Träume richtig zu verstehen und deuten zu können, heißt, einen Zugang zu verborgenen Seeleninhalten zu bekommen, die dem Bewusstsein vorher verschlossen waren. Nacht für Nacht träumen wir. Jedoch wird ein Mensch, der in einer aktuellen Krise steckt, eindringlicher und lebhafter träumen als jemand, bei dem im Leben momentan alles nach Plan läuft. Wenn Sie sich mit Ihren eigenen Träumen beschäftigen und diese deuten lernen wollen, ist es wichtig, dass Sie die Sprache der Träume verstehen. Denn dies ist die Sprache der Symbole, die für jeden Menschen etwas anderes bedeuten. Für einen Hundefreund steht der Vierbeiner vermutlich für Treue,

Kameradschaft und Naturverbundenheit. Ein Mensch, der womöglich sogar Angst vor Hunden hat und von einem Hund träumt, hat wohl eher versteckte Aggressionen, die zu Bewusstsein kommen wollen und/oder fürchtet sich vor den scheinbaren Aggressionen eines anderen. Lernen Sie also die Sprache der Symbole kennen. Ein Traum kann verschiedene Ebenen gleichzeitig ansprechen oder widerspiegeln. So kann Ihnen ein Traum Ihre jetzige Ist-Situation in der Realität aus einem anderen Blickwinkel zeigen und Ihnen dadurch gleichzeitig die Lösung für ein aktuelles Problem vor Augen führen. Daneben stellen Sie bei sich womöglich Charaktereigenschaften fest, die Sie bis dato gar nicht an sich kannten. Ein Traum ist ein komplexes Gebilde, eine Geschichte, die auf mehreren Ebenen gleichzeitig stattfindet und dadurch auch sehr vielseitig gedeutet werden kann.

Wenn Sie anfangen, sich für Ihre Träume zu interessieren und diese zu deuten, dann begeben Sie sich auf eine lange Reise – auf eine Reise zu sich selbst oder besser gesagt: auf eine Reise zu Ihrem Selbst. Denn mit jeder Deutung kommen Sie diesem Selbst ein wenig näher, wenn Sie Ihren Schatten durchleuchten und bis dahin verdrängte Seeleninhalte in Ihr Selbstbild integrieren. Je mehr Licht Sie in Ihre Träume und damit in Ihr persönliches Dunkel bringen, desto näher kommen Sie dabei auch der Ebene des kollektiven Unbewussten. Ihr Leben wird reicher, bunter und bedeutungsvoller, je näher Sie sich selbst in Ihrem inneren Kern kommen. Sie werden nicht nur ein tieferes Verständnis für Ihre eigenen Ängste, Hoffnungen und Wünsche bekommen, sondern sich auch mehr und mehr mit der gesamten Menschheit verbunden fühlen. Und vielleicht werden Sie eines Tages feststellen, dass die Menschheit schon immer wie durch eine Nabelschnur miteinander verbunden war - so wie die einzelnen Facetten Ihrer selbst zu Ihrem ganzen Wesen gehören und Teil Ihrer natürlichen Ganzheit sind.

Traumdeutung: „Tat Tvam Asi" — Das bist Du

Selbstverständlich träumen Sie von anderen Menschen oder auch Tieren. Doch es ist wichtig, dass Sie diese inhaltlich als Ihre eigenen, verdrängten Persönlichkeitsanteile betrachten. Stellen Sie sich vor, die Menschen, die Sie im Traum sehen, seien Schauspieler. Was stellen diese Schauspieler im Traum jeweils dar? Ihre Psyche bedient sich dieser Menschen, die in der Realität durchaus existieren können, wie ein Regisseur oder Produzent sich eines Schauspielers bedient. Der Schauspieler spielt eine Rolle - so wie auch die Personen in Ihrem Traum. Auch in der Realität neigen wir zur Projektion und stülpen anderen gleichsam eine Rolle über, aus der so manch einer danach nicht mehr herauskommt und die selten mit der Realität übereinstimmt. Der Traum ist also ein Spiegel, in dem Sie sich selbst erkennen können, wenn Sie begreifen, dass jede Rolle, jede Person einzig und allein nur Ihre unbewussten Seelenanteile darstellt. Sie sind der/die Böse,

Held, Dieb, Mutter, Vater usw. Gerade die als negativ empfundenen Eigenschaften weisen wir gern von uns. Doch versuchen Sie einmal, den Traum ohne moralisch erhobenen Zeigefinger und Selbstvorwürfe zu deuten. Denn so wie Bewusstes und Unbewusstes, Yin und Yang, Licht und Schatten ein Ganzes ergeben und einander bedingen, so steckt auch in jedem vermeintlich Bösen ein guter Kern und umgekehrt. Träumen Sie beispielsweise von einem Dieb, der Ihnen Ihren Kuchen stiehlt, sind Sie selbst sowohl der Bestohlene als auch der Dieb. Nun können Sie sich fragen:

* Was nehme ich mir weg, was gönne ich mir nicht oder was glaube ich, nicht verdient zu haben?
* Lasse ich zu, dass mir jemand etwas wegnimmt, ohne mich zu wehren?
* Wo traue ich mich nicht, zuzugreifen, mir etwas zu nehmen, um einen Vorteil zu erhalten?
* Wo kümmere ich mich nicht ausreichend um meine Wünsche und traue mich nicht, diese offen zu zeigen, sondern stelle mich nur selbst- und anspruchslos und unterdrücke meine Bedürfnisse?

Sie sehen, die einfache Traumsituation „Dieb bestiehlt mich" lässt zahlreiche Deutungen und Überlegungen zu und Sie sich selbst sowohl den Bestohlenen als auch den Stehlenden darstellen. Aus diesem Traum heraus können Sie Ihre (übertriebene) Bescheidenheit hinterfragen und sich erlauben, vom Leben ein ordentliches Stück des Kuchens zu nehmen.

Der Traum als Tröster

Manchmal ist eine Situation für die Psyche so unerträglich, dass die Seele nach einem Ausweg sucht, damit Sie dem Unerträglichen wenigstens zeitweilig entkommen können. So kann es sein, dass Sie von Verstorbenen träumen, die mit Ihnen sprechen, dass Sie eine in der Realität verlorene Geldsumme im Traum wieder finden oder Sie im Traum von einer bestehenden Krankheit geheilt werden. Stellen Sie sich die Realität als „Plus" und den Traum als „Minus" vor, ohne dass Sie Plus oder Minus negativ oder positiv bewerten - ganz so wie bei einer Batterie. Die Seele versucht, jedes länger bestehende Ungleichgewicht auszugleichen. Doch sollten Sie nicht vergessen, dass der Traum tatsächlich auf einer subtilen Ebene stattfindet, in der wir Dinge wahrnehmen, die uns sonst eher verschlossen bleiben.

Dennoch: Je mehr Yin in Ihrem Alltag, desto mehr Yang im Traum. So folgt auf einen Geldgewinn in der Realität nicht selten ein Traum über einen Verlust. Dies deutet einerseits die tatsächliche Angst vor dem möglichen Verlust des gerade erhaltenen Geldsegens an. Andererseits kann der Traum auch einen Versuch der Seele darstellen, Sie wieder in Ihr gewohntes innerseelisches Gleichgewicht zu bringen, welches Sie aufgrund des unerwarteten Gewinns zeitweilig verloren hatten. Selten bedeutet der Traum des Verlustes nach einem Gewinn eine Warnung, auf das gerade Gewonnene genau aufzupassen, eher eine Warnung, auf dem Teppich zu bleiben. Und da das Unterbewusstsein sogar etwas wie Humor zu haben scheint, kann es sein, dass Sie in einem solchen Fall davon träumen, dass Sie auf einem fliegenden Teppich sitzen und Angst haben, herunterzufallen.

Der Traum als Krisenmanager

Lebenskrisen beruflichen, finanziellen, gesundheitlichen oder privaten Ursprungs spiegeln sich auf jeden Fall im Traum wider. Einerseits stellt der Traum eine Gelegenheit des Entladens unerträglicher Spannungen und/oder der Kompensation dar. Andererseits kann er Sie auch dazu zwingen, wenn auch nur im Traum, das Dilemma, in dem Sie feststecken, in Augenschein zu nehmen.

Wenn Sie sich in einer festgefahrenen Situation befinden, träumen Sie vielleicht davon, mit dem Auto in ein Schlammloch gefahren zu sein, aus dem Sie – weder vor noch zurück – wieder herauskommen.

Da ist der Karren buchstäblich festgefahren. Ihr Unterbewusstsein liebt solche bildhaften Sprichwörter und baut diese gern in symbolhafte Träume ein. Jetzt ist die Frage, wer „den Karren aus dem Dreck ziehen" kann. Gibt es im Traum einen Hinweis auf eine Lösung des Problems?

Folgende Fragen könnten Sie sich stellen, um an dieser Krise zu wachsen:

* Habe ich selbst „den Karren in den Dreck gefahren" oder hat jemand anderes das Problem verursacht?
* Geht es nicht vor und zurück oder eventuell nur vorwärts oder sollte ich den Rückwärtsgang einlegen?
* Ist das Auto überhaupt mein Auto oder wälze ich die Probleme anderer und halte sie für meine eigenen?

Sich einmal eine Ist-Situation ungeschönt anzuschauen, ist der erste Schritt für eine Veränderung. Doch im Traum müssen Sie vielleicht aus dem Auto aussteigen, um sich den Schaden richtig anschauen zu können. Dies könnte ein Hinweis darauf sein, das Problem mit etwas Abstand neu zu betrachten oder auch tatsächlich aus einem Projekt auszusteigen. Benötigen Sie eher Kraft oder (diplomatisches) Geschick, um den Karren aus dem Dreck zu ziehen? Oder müssen Sie sich Hilfe holen?

Die Antworten schlummern in Ihrem Unterbewusstsein und können Ihnen buchstäblich im Traum einfallen. Sollten Sie also wieder einmal ein rational nicht lösbares Problem mit sich herumtragen, bitten Sie einmal Ihr Unterbewusstsein um einen hilfreichen Traum. Denn jede Ganzheit ist bemüht, die ihr zugehörigen Teile zu heilen und zu integrieren. Sie könnten also unvermutet Hilfe von höherer oder ganzheitlicher Ebene erhalten.

Prophetische Träume: Ein Geschenk des Himmels?

Haben Sie sich auch schon einmal gefragt, wie es in Ihrem Leben weitergeht oder ob ein bestimmtes Ereignis eintreten wird? Allein schon die Frage impliziert, dass Ihr Leben oder wichtige Ereignisse determiniert, also vorbestimmt sind. Tatsächlich sind Sie aber, wenn auch oft unbewusst, der Schöpfer Ihrer eigenen Realität. Dennoch gibt es so etwas wie Wahrscheinlichkeiten. Wenn sich an einer bestehenden Situation nichts ändert, kann der Ausgang oder zumindest die kurzfristige Zukunft vorhergesehen werden. Vertrauen Sie Ihrem Unterbewusstsein und bitten Sie Ihre innere, wissende Instanz, Ihnen die Antwort auf eine Frage bezüglich eines zukünftigen Zeitpunktes oder Ereignisses im Traum zu offenbaren. Doch manchmal zeigt sich diese Antwort gänzlich anders als gedacht. Die Sprache der Symbole ist nicht immer leicht zu verstehen und das Verstehen eines Traumes erfordert, dass Sie sich im analogen Denken üben. Dann können Sie verstehen, dass Ihr Bewusstsein oder vielmehr Ihr Unterbewusstsein Ihre eigene Realität schaltet und Ihre Zukunft größtenteils in Ihren eigenen Händen liegt. Wichtige, größere Ereignisse, die mit einer höheren Wahrscheinlichkeit eintreten werden, beziehen sich meist eher auf globale Geschehnisse und stammen aus dem kollektiven Unbewussten. Manchmal dient ein solcher Traum als Warnung, etwas zu ändern oder eine Vorsichtsmaßnahme zu ergreifen. Doch leider mussten viele Menschen, die der Menschheit ihre prophetischen Träume mitteilen wollten, feststellen, dass die Menschheit noch nicht so weit ist, auf Hinweise und Warnungen aus den Tiefen des kollektiven Unbewussten zu hören.

Sich wiederholende Träume

Ein sich wiederholender Traum möchte Ihnen eindringlich eine wichtige Botschaft mitteilen. Diese scheint Ihnen im Wachzustand nicht zu Bewusstsein zu kommen. Wahrscheinlich sind Sie an einem Wendepunkt in Ihrem Leben angekommen und es gilt, etwas Grundlegendes zu ändern oder eine innere Einstellung zu überdenken. Sie wissen: Es geht darum, etwas ins Bewusstsein hineinzulassen, was Ihnen bisher nicht bewusst war. Das kann Ihr Selbstbild betreffen, was mehrheitlich der Fall ist, oder auch die Sicht auf eine bestimmte Situation, die es gilt, einmal von einer anderen Seite aus zu betrachten. Wenn sich ein Traum also wiederholt, dann haben Sie etwas Wesentliches noch nicht in Ihrem Bewusstsein zugelassen, Ihre Lektion also noch nicht gelernt. Bitten Sie vor dem Schlafengehen um eine deutlichere Symbolsprache, einen Satz oder auch nur ein Wort im Traum, welches Ihnen den Sinn der Botschaft offenbart. Jung sah solche Wiederholungsträume als sehr bedeutungsvoll an. Ihm zufolge sind solche, auch als Recurring Dreams bezeichneten Träume ein Aufruf, eine Situation oder eine Begebenheit bewusst aufzuarbeiten. Gerade solche Recurring Dreams beinhalten nicht selten auch die Lösung eines bereits seit Längerem bestehenden Problems. Ist die Ursache für diesen Wiederholungstraum behoben, dann kommt der Traum auch nicht wieder.

Typische Wiederholungsträume sind Träume vom Fallen aus großer Höhe, vom Verfolgt werden durch eine unbekannte Person, vom Ausfallen der Zähne oder vom Verpassen eines Zuges. Hierbei fällt schon auf, dass Recurring Dreams meist mit negativen Gefühlen besetzt sind und teilweise höchst dramatisch verlaufen können. Dies ist auch verständlich, denn solche traumatischen Traumelemente weisen eher auf die Dringlichkeit eines Themas hin als positiv oder neutral erlebte Traumelemente. Je mehr im Wachzustand etwas verdrängt wird, desto vehementer muss es sich schließlich durch den Traum ins Bewusstsein durchkämpfen. Wie ein Ball, den Sie mit aller Gewalt unter Wasser drücken wollen, kommt der ins Unbewusste verdrängte Inhalt in Ihren Träumen immer wieder hoch.

Traumdeutung: Ein wichtiger Meilenstein auf Ihrem persönlichen Individuationsweg

Es gibt einen Zeitpunkt im Leben, da werden Sie merken, dass Ihnen etwas Wesentliches fehlt. Genau genommen fehlt es nicht Ihnen, sondern lediglich Ihrem Bewusstsein. Ihr wahres Selbst ist vollkommen, vermeintliche Gegensätze und Polaritäten sind harmonisch vereint – nichts fehlt Ihnen. Sie müssen also eigentlich nur der/die werden, der/

die Sie sind. Wenn jedoch eine wesentliche Instanz Ihrer Seele überzeugt ist, dass nun der Zeitpunkt für Ihr spirituelles Wachstum gekommen ist, dann werden die Träume eher archetypische Symbolik enthalten, die mit dem Thema Ganzheit, Polarität und Vereinigung von Gegensätzen zu tun haben. Es ist also nicht so, dass Ihnen etwas zu Ihrer Ganzheit fehlt, vielmehr fehlt es Ihnen am bewussten Wahrnehmen und Akzeptieren der anderen Seite Ihrer Ganzheit. Es ist Ihr Schatten, der zwar Teil Ihrer Ganzheit ist, von Ihnen aber nicht erleuchtet und damit nicht wahrgenommen wird. All die Aspekte, Eigenschaften und Verhaltensweisen, die Sie seit Ihrer Kindheit erfolgreich unterdrückt und verdrängt haben, wollen jetzt leben und von Ihnen gelebt werden. Sie können Ihr Leben und Ihr Selbstbild ungemein bereichern, wenn Sie es zulassen. Welche Facette Ihrer selbst an der Reihe ist, von Ihnen entdeckt zu werden, offenbart sich Ihnen im Traum in typischen oder vielmehr archetypischen Symbolen. Als energische Karrierefrau träumen Sie vielleicht von einem göttlichen Kind oder einer Allmutter. Als Mensch, der immer alles kontrollieren möchte, träumen Sie womöglich davon, in einer Bahn zu sitzen, die ein anderer oder auch gar niemand fährt. Es geht um tiefere Schichten Ihres Unterbewusstseins, wo Urängste, Traumata und Ihre Lebensthemen sich wie ein roter Faden durch Ihr Leben, aber auch durch Ihre Träume ziehen. Sie werden an der Bewusstseinsarbeit mithilfe der Deutung Ihrer Träume wachsen und Ihr Leben wird sich von Grund auf ändern, wenn Sie die Erkenntnisse aus Ihrer Traumdeutung in Ihrem Leben anwenden und die daraus gezogenen Lehren umsetzen.

Die Bedeutung typischer Trauminhalte und Situationen

Zug/Bus verpassen

Bei den meisten Menschen ist es tatsächlich der verpasste Zug, seltener der verpasste Bus oder das verpasste Flugzeug, die im Traum auftauchen.

Die Situation, in der der Zug trotz aller Anstrengungen verpasst wird, kommt in Träumen recht häufig vor. Natürlich können einem solchen Traum die unterschiedlichsten Bedeutungen zugeordnet werden.

Doch die folgenden Bedeutungen passen beinahe immer:

* Der Träumende hat das Gefühl, etwas Wesentliches gerade verpasst zu haben.
* Der Träumende hat die Befürchtung, etwas Wesentliches in der nahen Zukunft verpassen zu können.
* Der Träumende hat tatsächlich etwas verpasst (in den seltensten Fällen ist das jedoch wirklich ein Zug).
* Der Träumende leidet generell unter Ängsten und sein Denken kreist oft auch im Wachzustand um mögliche Verluste, Konsequenzen, Strafen, Verfolgungen etc.

Der Zug steht hier für die Möglichkeiten, ein gesetztes Ziel zu erreichen, was der Träumende ohne diesen Zug nicht kann. Folgende Fragen können den Träumenden der individuellen Bedeutung dieses Traumes näherbringen:

* Wo habe ich das Gefühl, trotz aller Anstrengungen mein Ziel nicht zu erreichen oder nicht qualifiziert genug zu sein?
* Wo verbaue ich mir selbst eine wichtige Chance? (Der Zug ist abgefahren)
* Gibt es einen anderen Zug, den ich nehmen oder eine zweite Chance, die ich nutzen kann?
* Stimmt denn das vermeintliche Ziel wirklich mit meinen Wünschen überein?

Auch die Begleitumstände, die dazu geführt haben, dass Sie den Zug verpasst haben, spielen eine wichtige Rolle! Galt es ständig ein vermeintliches Hindernis zu überwinden, bevor Sie Ihren Weg zum Bahnhof fortsetzen konnten?

Tatsächlich spiegelt dies häufig die Ist-Situation des Träumenden wider. Das Gefühl, dass jedes Mal, wenn man sich etwas Wichtiges vornimmt, etwas anderes dazwischenkommt. Kommt Ihnen das nicht auch irgendwie bekannt vor?

Es gibt natürlich keine Patentlösung. Dennoch: Wären Sie im Traum früher losgegangen, dann hätte die Zeit vielleicht trotz eintretender Hindernisse und zu erledigender

Aufgaben noch ausgereicht, um den Zug rechtzeitig zu erreichen. Im wahren Leben ist es ähnlich. Wenn Sie Wichtiges nicht immer vor sich herschieben, sondern zeitnah erledigen, dann ist es auch kein Drama, wenn kurzfristig einmal etwas Ihre Pläne durchkreuzt. Denn das kommt im Leben immer mal wieder vor. Ein Plan (der Weg zum Ziel inkl. Zielerreichung) ist natürlich wichtig, aber selten geht es im Leben immer geradeaus. Astrologisch gesehen, ist dies ein Traum mit vielen Saturn/Steinbock-Elementen: Planen, Konzentration aufs Wesentliche, strukturieren, ein Ziel erreichen wollen oder müssen, Hindernisse überwältigen (Bergsteigen, der Steinbock möchte hoch hinaus, all das ist typisch Steinbock). Der Steinbock ist ein Erdzeichen, möchte aber die Erdschwere durch Fleiß überwinden. So gesehen könnte man sagen, dass der Träumende, der den Zug verpasst hat, ein Problem mit dem archetypischen Saturn-Prinzip hat. Was wird dem typischen Steinbock an Charaktereigenschaften nachgesagt?

Pünktlichkeit, Zielstrebigkeit, strukturiertes Denken (Schachspieler), Geradlinigkeit, Ehrgeiz …

Der zum Steinbock gehörige Saturn, der auch mit dem römischen Titanen Chronos gleichgesetzt wird, ist Herrscher über die Zeit.

In der Astrologie kommt es aber auf die Zeitqualität an, also nicht auf die Menge der Zeit, die Ihnen zur Verfügung steht (um den Zug zu erreichen), sondern um den rechten Zeitpunkt. Demnach müssen Sie nicht schneller sein, um

Ihr Ziel (in der Realität wie im Traum) zu erreichen, sondern alles zum richtigen Zeitpunkt erledigen.

Es gilt, sich mit dem Saturn/Steinbock-Prinzip auszusöhnen, damit Sie ab jetzt im Fluss der Zeit schwimmen können, also im Flow sind. Denn dann werden Sie, anstatt Hindernisse überwinden zu müssen, das Gefühl haben, dass Ihnen alles einfach von der Hand geht. Solange Sie das Gefühl haben, das Leben sei ein Kampf, an dessen Ende Sie Ihr Ziel doch nicht erreichen, wird sich dieser Traum leider immer wieder bewahrheiten. Entdecken Sie stattdessen den Steinbock in sich! Chronos/Saturn wird Sie nach allen Kräften unterstützen und aus Hindernissen werden Chancen, die Sie nutzen können, um Ihr Ziel zu erreichen. Dabei stellt so manch ein Träumender fest, dass ein anderer Zug ihn sogar schneller zum Ziel bringt oder ein anderes Ziel das eigentliche Ziel ist. Denn manchmal ist es ja bekanntlich auch ein Engel, der sich uns in den Weg stellt und verhindert, dass wir gerade diesen Zug nehmen. Damit kommen wir zum nächsten Trauminhalt, welcher ebenfalls mit dem Zug respektive Bahnhof zu tun hat und mit diesem Traum hier sehr verwandt ist:

Im falschen Zug sitzen

Ein wahrer Alptraum kann das sein: Da haben Sie mit viel Mühe und unter Zeitnot den Zug erreicht, Sie sitzen endlich auf Ihrem Platz, der Zug fährt los und Sie stellen irgendwann fest, dass Sie im falschen Zug sitzen. Was in der Realität schon oft mehr als ärgerlich ist, kann sich im

Traum als wahres Drama erweisen. Wenn dann der Zug nicht bald hält ...

Auch dieser Traum wird recht häufig geträumt und lässt jede Menge interessanter Schlussfolgerungen zu:

* Sie haben das Gefühl, eine falsche Entscheidung getroffen zu haben.
* Sie haben ohnehin oftmals Angst, eine Entscheidung zu treffen, da diese sich ja hinterher als „falsch" erweisen könnte.
* Sie stehen vor einer Entscheidung, die den Verlauf Ihrer nächsten Zukunft mitbestimmt und Sie wägen das Für und Wider ab.
* Etwas in Ihrem Leben läuft gerade überhaupt nicht nach Plan – zumindest nicht nach Ihrem ...

Auch hier steht der Zug natürlich für die Möglichkeit, ein gestecktes Ziel zu erreichen. Allerdings bringt Sie jeder Zug zu einem anderen Ziel. Es ist ja nicht so, dass dieser Zug Sie ins Nirgendwo bringt. Auch dieser Zug hat ein Ziel, welches lediglich nicht mit dem von Ihnen gesteckten Ziel übereinstimmt. Folgende Fragen können Sie sich stellen, um der Ursache und Bedeutung für diesen Traum näherzukommen:

* Habe ich manchmal das Gefühl, im falschen Film zu sein, wie es so schön heißt?
* Lebe ich an meinem wahren Leben vorbei?

* Habe ich Angst vor Veränderungen?
* Habe ich Angst vor Kontrollverlust (Sie sitzen lediglich im Zug und fahren diesen nicht selbst; zudem sind Sie vom Zugführer abhängig, denn dieser bestimmt das Ziel)?
* Haben Sie Angst vor dem Ungewissen (ins Blaue fahren)?
* Haben Sie Angst vor den Konsequenzen einer Entscheidung, die sich hinterher als „Fehlentscheidung" herausstellen könnte (falscher Zug, bedenken Sie, dass auch beim Schachspiel von einem falschen Zug die Rede ist; das Unterbewusstsein liebt solche Wortspiele und bedient sich ihrer häufig in Träumen)?

Auch hier spielen die Begleitumstände im Traum wieder eine wesentliche Rolle. Wie kam es dazu, dass Sie den falschen Zug genommen haben? Warum haben Sie dies erst bemerkt, nachdem der Zug schon losgefahren war? Und besteht eine Möglichkeit, auszusteigen oder müssen Sie bis ans bittere Ende mitfahren, also die Konsequenzen für Ihre „Fehlentscheidung" mittragen?

Gehen wir einmal davon aus, dass es nicht an mangelhafter Konzentration und zu viel Ablenkung lag, dass Sie den falschen Zug genommen haben. Denn auch das soll vorkommen und hat ja wohl eine ganz offensichtliche Bedeutung, nämlich die, dass Sie sich besser konzentrieren sollten.

Wenn es also trotz konzentrierten Handelns in Traum und Alltag zu diesem Traum kam, dann ist womöglich sogar das Gegenteil der Fall: Sie sind so verplant, dass Sie in Ihren Entscheidungen keinen Freiraum mehr haben. Sie wollen Ihr einmal gestecktes Ziel um jeden Preis erreichen, schauen nicht auf andere Möglichkeiten, sind nicht für Überraschungen offen. Sie überdenken einmal getroffene Entscheidungen nur ungern, auch wenn sich herausstellt, dass diese gar nicht zum Ziel führen. Überhaupt ist die Zielsetzung gar das Problem, denn wenn Sie ständig nur ans Ziel denken, bleibt kein Raum, keine Luft mehr für Spontanität, weder Zeit noch Raum für eine „Fahrt ins Blaue".

Aus astrologischer Sicht könnte man sagen, der Träumende hat ein Problem mit dem archetypischen Wassermann-Prinzip. Der Wassermann ist ein Luftzeichen, der viel Luft, also Freiraum benötigt. Typische Wassermann-Eigenschaften sind ja gerade Spontanität und Freiheitsliebe. Der Wassermann sprengt gern die Ketten der ihm auferlegten Grenzen und ist immer wieder für eine Überraschung gut. Sich unterordnen (dem Zugführer) ist nicht seine Welt, er ist selbst viel zu viel Herrscher über seine Unterwasserwelt (das Unbewusste). Sie erinnern sich: Alle unsere Eigenschaften, Wünsche und Ziele, die wir dauerhaft verdrängen, kommen in einer Form – also auch als Traum – wieder hervor, um auf sich aufmerksam zu machen. Wenn Sie Ihren eigenen Wunsch nach mehr Entscheidungsfreiheit (welchen Zug nehme ich, wohin will ich?) immer wieder verdrängen, dann spielt Ihnen genau dieser innere Wassermann einen Streich nach dem anderen, damit Sie Ihre „gewohnten Gleise" verlassen. Sehen Sie auch diesen Traum nicht als Bedrohung an, sondern als Hilferuf Ihrer Seele, die gern einmal ins Blaue hineinfahren würde. Ein Auf- und Weckruf für mehr Abwechslung, Unvorhergesehenes, Unkontrollierbares und neue, andere Wege und Gleise im Leben. Vielleicht gilt es ja auch, das einstige Ziel neu zu überdenken. Oder Sie versuchen einmal ganz bewusst, nicht immer gleich eine Entscheidung zu treffen, sondern manche Dinge ein wenig auf sich zukommen zu lassen. Lehnen Sie sich einmal zurück und genießen Sie die Fahrt ins Unbekannte. Wir können nicht immer alles kontrollieren und müssen es auch gar nicht. Nicht immer müssen wir selbst den Zug fahren, denn auch in unserem Unterbewusstsein gibt es einen Zugführer, der uns fährt, wenn wir einmal die Kontrolle abgeben und uns entspannen wollen. Und dieser fährt viel besser, wenn wir uns nicht dauernd einmischen. Vertrauen ist hier das Zauberwort! Dieser Zugführer in unserer Seele fährt uns dahin, wo er es für richtig hält, auch wenn unser bewusstes Ich nicht immer damit einverstanden ist.

Aus großer Höhe herunterfallen

Auch dieser Traum kommt recht häufig vor. Sie befinden sich aus unerfindlichen Gründen auf einer Wolke, dem Dach eines Hochhauses oder auf dem Gipfel eines Berges. Dann fallen Sie aus ebenso unverständlichen Gründen hinab und kurz vor dem Aufprall wachen Sie - wie unter Schock stehend - auf einmal auf. Das Gefühl, aus hoher Höhe herabgefallen zu sein, können Sie womöglich sogar körperlich noch spüren.

Dieser Traum wirft natürlich verschiedene Fragen auf:

* Warum waren Sie auf diesem hohen Berg, Hochhaus oder wo auch immer?
* Wie kam es zum Fallen aus dieser Höhe?
* Warum wachen Sie jedes Mal auf, kurz bevor Sie im Traum auf dem Boden aufprallen und vermutlich sterben würden?

Die meisten Menschen, die diesen Falltraum haben, können sich nicht daran erinnern, wie und warum sie auf diesen hoch gelegenen Ort geraten sind. Auch der Grund Ihres Fallens ist ihnen überwiegend nicht bewusst. Es passiert einfach. Dies offenbart schon in gewisser Hinsicht eine unstrittige Hilflosigkeit. Denn, wenn Sie nicht wissen, wie Sie an einen bestimmten Ort gekommen sind und auch nichts dagegen tun können, dass Sie aus dieser Höhe herunterfallen, dann erinnert das an eine Ohnmacht im Sinne von „ohne Macht". Es steht also nicht in Ihrer Macht, was da gerade mit Ihnen passiert.

Andererseits gibt es da die Sprichwörter:

* Hochmut kommt vor dem Fall oder
* Wer hoch hinaus will, kann tief fallen.

Sie sehen schon, dass es sich hier wieder um einen Kompensationsversuch handeln könnte. Aber auch eine Verlustangst während eines unerwarteten Erfolgserlebnisses kann einen solchen Traum verursachen. Das Gefühl, unverdient oder unvermittelt die Karriereleiter hochgeklettert zu sein, erfordert natürlich einen kleinen Ausgleich. Es gibt in jedem von uns eine innerseelische Instanz, die dazu neigt, uns bei kleinen Sünden (Hochmut, Stolz, Lügen etc.) selbst zu bestrafen. Das läuft meist absolut unbewusst ab und hat manchmal schon den Charakter der Selbstsabotage. Im Traum kann sich dies ebenso zeigen wie im Wachbewusstsein, wenn man sich beispielsweise „aus Versehen ins eigene Fleisch schneidet".

Doch wenn wir im Traum unsere negativen und positiven Eigenschaften projizieren, dann stehen womöglich auch der Berg oder das Hochhaus für Ihre eigene Größe, die Sie sich bewusst nicht getrauen einzugestehen. Ihnen wird schnell schwindelig vor Glück, Sie können es kaum fassen, auch einmal auf der Gewinnerseite der „oberen" Zehntausend zu stehen. Und weil das für Sie ja so unfassbar und nicht auszuhalten ist, wird Ihnen so schwindelig, dass Sie gar nicht anders können, als in die Tiefe zu stürzen. Denn das Leben da unten, unter (erd-) schweren Bedingungen sind Sie gewohnt, während höhere Gefilde Ihnen Probleme bereiten, da Sie sich in der Höhe vorkommen, als seien Sie ein „schwindelnder Hochstapler", dessen tiefer Fall ja zwangsläufig mehr oder weniger vorprogrammiert ist.

Eine andere Deutung wäre die, dass Sie einmal etwas aus einer anderen Perspektive, sozusagen von oben und mit Abstand, betrachten sollten. Das ist nicht immer leicht, und allzu schnell „fallen" wir wieder in alte Gewohnheiten mit alten Sichtweisen zurück.

Auch eine Überforderung kommt als Ursache für einen Falltraum infrage. Besonders bei Kindern und Jugendlichen, die unter Schulstress stehen oder traumatische Erlebnisse verarbeiten müssen, die für die Psyche nur nach und nach zu bewältigen sind, kann es zu diesen Träumen kommen. Dies könnte auch ein Grund dafür sein, dass Fallträume zu den klassischen Wiederholungsträumen gehören.

Fallen Sie hingegen „aus allen Wolken", geht es um eine realistischere Sicht auf die Dinge, um eben eine Enttäuschung zu vermeiden.

Astrologisch betrachtet, sind in einem Falltraum gleich mehrere Elemente im Spiel: Einmal sieht man hier natürlich das archetypische Steinbock-Prinzip, welches sich im Erreichen eines hohen Berges usw. widerspiegelt. Der Fall in die Tiefe wiederum erinnert eher an den Skorpion, welcher Pluto - dem Herrscher der Unterwelt - untersteht. Eines der Prinzipien des typischen Skorpions ist eben auch das „Stirb und werde", welches im Falltraum treffend symbolisiert wird. Wer dagegen aus „allen Wolken" fällt, der wird von Neptun, welcher dem Fisch und damit dem Wasserelement zugeordnet ist, aus seinem „Wolkenkuckucksheim" heruntergerissen. Auch die Wolke besteht ja aus Wasser, dem Zuhause der Fische. Ebenso ist es mit undurchsichtigem Nebel, da dieser ebenso zu Täuschungen wie Neptun selbst verleitet, dessen Reich als Reich der Illusionen und Träume bekannt ist. Wenn die Realität kaum zu ertragen ist, dann kann eine Illusion oder Täuschung darüber hinweghelfen. Auch der Bereich der Psychose oder der Depression ist hier nicht weit entfernt, weshalb dieser Traum letzten Endes auch eine kleine Warnung enthält, mit den Füßen auf dem Boden zu bleiben und die Dinge so zu sehen, wie sie tatsächlich sind.

Die Lösung liegt also wie immer in Ihnen selbst. Wenn Sie sich die richtigen Fragen stellen, werden Sie die Antworten in sich spüren. Dabei gibt es kein „Entweder Oder", da auch verschiedene Deutungen durchaus gleichzeitig zutreffen können.

Doch warum wachen Sie kurz vor dem unvermeidlichen Aufprall auf?

Auch hier sind verschiedene Deutungen möglich:

* Der Aufprall, der vermutlich den Tod bedeuten würde, ist für den Träumenden so unvorstellbar, dass er durch den inneren Zensor davor geschützt wird, indem dieser für das rechtzeitige Aufwachen sorgt.
* Womöglich stehen der Vorgang des Erwachens und der des Fallens in einem so engen Zusammen-

hang, dass ersterer sogar den Falltraum (mit)verursacht hat. Dann wäre es tatsächlich so, dass Sie im Traum fallen, weil Sie wach werden und nicht, dass Sie wach werden, weil wir Sie fallen.

* Man könnte es auch als Warnung verstehen, die mit einer Chance verknüpft ist: Werde wach, dann musst du nicht sterben, dann geht es weiter und du bekommst eine zweite Chance. Immerhin wird der Schlaf auch als „Kleiner Bruder des Todes" bezeichnet. Werde wach heißt so viel wie: Werde bewusst. Denn nur, wenn Sie bewusst leben, durchschauen Sie die Fallstricke, die manchmal im eigenen Unterbewusstsein lauern – ob auf Wolke 7 oder in Neptuns Reich der Träume.

Das Ausfallen der Zähne

Kein schöner Anblick im Spiegel, wenn plötzlich nacheinander mehrere oder gar alle Zähne – für jeden sichtbar – ausfallen. Ein Schock, den es erst einmal zu überwinden gilt. Gut, dass es nur ein Traum war, denkt so manch einer, der gerade von diesem Albtraum aufgewacht ist. Aber haben Sie sich auch schon einmal gefragt, welche Bedeutung dieser Traum für Sie persönlich haben kann?

Wie immer kommen hier mehrere Möglichkeiten in Frage, die aber auch alle gemeinsam ein wenig zutreffen können:

* Sie befürchten, an Ansehen (Aussehen) zu verlieren oder bereits verloren zu haben.

* Sie befürchten, an (äußerer) Stärke und Macht zu verlieren oder bereits verloren zu haben.
* Zahnausfall ist sowieso eine Ihrer Urängste, die unentwegt in Ihrem Unterbewusstsein herumspuken, was eher selten zu einem solchen Traum führt, da auch Zähne eher einen Symbolcharakter haben.
* Sie hatten/haben gerade einen heftigen Streit mit jemandem, dem Sie „Ihre Zähne gezeigt" haben und fürchten nun mögliche Konsequenzen.
* Auch versteckte Aggressionen (Zähne zeigen) können Ursache für einen solchen Traum sein. Denn, wenn Sie Ihre Aggressionen (zubeißen können) nur negativ bewerten und verdrängen, werden Sie daran erinnert, dass Zähne (das Thema Aggression) doch auch ihre Berechtigung haben und ein Verlust sehr schmerzvoll sein kann.

Meist liegt die Ursache für einen Traum, in dem die Zähne ausfallen, in einer Mischung aus besagten Möglichkeiten. Wer grundsätzlich ein Problem mit seiner Durchsetzungsfähigkeit hat, hat tatsächlich nicht selten auch Probleme mit seinen Zähnen, was sich wiederum dann in einem solchen Traum widerspiegeln kann. Wenn der stets brave und anpassungsfähige Träumende in der Realität dann tatsächlich einmal seine Zähne zeigt, hat er das Gefühl, dass ihm das nicht zusteht. So gesehen könnte das Ausfallen der Zähne im Traum auch eine Art selbst auferlegte Strafe für sein „Zähne zeigen" sein. Nur wenn Sie ein gesundes Ich-Bewusstsein haben, in welchem auch die eigenen Aggressionen integriert und anerkannt sind, dann ist das Aggressions-Thema eben kein Thema mehr für Sie und führt auch nicht zu solchen Träumen. In unserer Gesellschaft hat das Wort „Aggression" einen sehr negativen Touch. Dabei ist alles eine Frage des Wie viel und Wozu? Denn ohne Aggression gäbe es keine Bewegung, keinen Anfang, kein Leben. Sexualität, noch so ein Tabu-Thema, hat daher recht viel mit dem Aggressions-Thema zu tun. Auch eine Geburt ist ein aggressives nach „außen Drängen und Gepresst werden" des neuen Lebens. Die ersten Schneeglöckchen, die sich durch die vereiste Erdoberfläche drängen, benötigen ebenso einen fast aggressiven Lebenswillen, um sich durch „Mutter Erde" zu drängen. Aggressionen werden daher meist dem archetypisch männlichen Prinzip und vor allem dem Widder/Mars-Prinzip zugeordnet. Der Widder will ja bekanntlich immer mit dem Kopf durch die Wand. Nicht nur der Kopf, und hier insbesondere das Haar, haben ebenso einen ähnlichen Symbolcharakter wie die Zähne. Auch der Wille, das menschliche „Ich-Bewusstsein" und vor allem das „Ich will" sind ebenso den Zähnen im Traum gleichzusetzen. Aller Anfang ist schwer, heißt es. Dabei könnte es genauso gutheißen: Aller Anfang ist Aggression. Und dies muss eben nicht immer negativ bewertet werden. A wie Anfang und Aggression. Interessanterweise ist der Buchstabe A auch der erste Buchstabe in unserem Alphabet und der Widder ist das erste der 12 Sternzeichen. Dies ist kein Zufall, sondern folgt einem logischen, ganzheitlichen und vor allem archetypischen Prinzip, welches sich auch in unseren Träumen offenbart.

Nach einem solchen Traum sollten Sie sich also folgende Fragen stellen:

* Neige ich dazu, untätig alles mit mir machen zu lassen, ohne Zähne zu zeigen?
* Fällt es mir schwer, mich in Krisensituationen zu behaupten bzw. den Mund aufzumachen?
* Habe ich schon einmal etwas so sehr gewollt, dass ich mich durchgebissen habe, um es zu erreichen oder habe ich vorher kampflos aufgegeben? (Zähne aufgeben)
* Fällt es mir schwer, „Ich will" zu sagen?
* Hatte ich einen heftigen Disput mit jemandem, dem ich zum ersten Mal die Zähne gezeigt habe?
* Befürchte ich, in der schwächeren Position zu sein und mir die Zähne an ihm ausgebissen zu haben?
* Befürchte ich, mich dabei blamiert zu haben, als ich meine Zähne (Aggression) gezeigt habe? Habe ich Angst davor, nicht ernst genommen worden zu sein oder gar bestraft zu werden (den Zahn werden wird ihr/ihm schon ziehen)?
* Leide ich generell unter Verlustängsten, da ich durch ein Trauma derart verletzt bin, dass ich meine Aggressionen in den Schatten (unter den Scheffel) stelle?

* Nehme ich Aggressionen immer nur und vermehrt bei anderen Personen, aber nicht bei mir selbst wahr?

Sie sehen, dass das Thema einige Deutungsmöglichkeiten hergibt.

Übrigens: Menschen, die übertrieben viel Aggressionen zeigen, haben genauso ein Problem mit dem Thema wie Menschen, die ihre Aggressionen unterdrücken. Sie haben ebenfalls kein gesundes Verhältnis zu diesem archetypischen Urprinzip. Es ist eben alles eine Frage der Dosis, wie schon Paracelsus erkannte.

Eine gesunde Portion „Ich-Bewusstsein" mit einem gesunden „Ich will" ist hier auch schon die Lösung. Doch wie immer ist der Weg das Ziel und auf diesem Weg kann es eben von Zeit zu Zeit zu diesem Traum kommen, der Sie dann daran erinnert, dass Sie sich wieder einmal bewusst mit diesem Thema beschäftigen sollten.

Der beschämende Nackttraum

Dieser Traum wird vielleicht nicht ganz so häufig geträumt, wie der Traum vom Ausfallen der Zähne. Dennoch gehört er zu den Träumen, die viele Menschen immer wieder träumen. Hier spiegelt der Traum ebenfalls eine Situation, die im Leben des Träumenden irgendwann tatsächlich passiert ist. Es ist also ein unterdrücktes, dennoch ein bekanntes Gefühl der Beschämung und Hilflosigkeit, das hier offensichtlich wird. Menschen, die in ihrem Leben ein- oder mehrfach bloßgestellt wurden – das kann schon im Kindergarten oder der Schule passieren – unterdrücken das Gefühl der hilflosen Wut und Scham jahrelang, um sich nicht bewusst mit dem verletzenden Erlebnis auseinandersetzen zu müssen. Zu unerträglich war damals das Gefühl, angestarrt, ausgelacht und „bloßgestellt" worden zu sein. „Bloßstellen" kommt von Blöße, Blöße zeigen heißt so viel wie seine (innere) Nacktheit und Verletzbarkeit zu zeigen. Wer jedoch bloßgestellt wird, dem wird mit Gewalt der Schutzwall um die innere Nacktheit genommen und sein Innerstes ist entblößt.

Wer eine solche Situation nie verarbeitet hat und dann womöglich in eine für ihn ähnliche Situation gerät, wird durch diese unbewusst wieder an damals erinnert. „Flashback" nennt man das in der Psychologie.

Die Psyche sendet einen Hilfeschrei: Schau mich an, ich bin nackt und verletzt – damals wie heute!

Eine Verletzung verschwindet natürlich nicht dadurch, dass Sie sich diese einfach nur bewusst machen. Aber Sie entlasten Ihr Unterbewusstsein damit, wenn Sie das Geschehene aufarbeiten. Es wird eine Narbe bleiben, aber eine Narbe ist besser als eine Wunde, die sich immer wieder neu entzündet. Streicheln Sie Ihre Seele, nehmen Sie sich selbst, Ihr inneres Kind, in den Arm und trösten Sie es. Sagen Sie ihm, dass es bei Ihnen gut aufgehoben ist und Sie seine innere Nacktheit schützen. Und schämen

Sie sich nicht länger! Schämen sollten sich die anderen, die Ihnen als Kind so zugesetzt haben. Lernen Sie, erhobenen Hauptes durchs Leben zu gehen. Sie sind eine Kämpfernatur, die wie Phönix aus der Asche steigt und Ihren eigenen Weg durchs Leben geht!

Phönix aus der Asche ist übrigens ein archetypisches Symbol und steht für das „Stirb und werde" des Skorpions. Aus den Tiefen von Plutos Unterwelt steigen sie wieder hervor und sind stärker als je zuvor. Hierin liegt in gewisser Hinsicht auch die (Er-) Lösung: Ihre Seele ist unsterblich – und wenn sie auch noch so verletzt wurde. Und schließlich sind es meist genau diese im Leben oft verletzten Menschen, die wie Phönix aus der Asche steigen und der Welt zeigen, was in ihnen steckt!

Der Traum vom Tod eines Angehörigen

Auch hier sollten Sie genau auf die Umstände achten, die im Traum zum Tod Ihres Angehörigen führten. Aber Sie müssen sich keine Sorge machen, dass dieser nun tatsächlich vom Tode bedroht ist. Abgesehen davon, dass der geträumte Angehörige ebenso Ihre eigenen unbewussten Aspekte widerspiegelt, spielt die Beziehung, die Sie tatsächlich zu ihm haben, eine große Rolle. Der Traum zeigt eine Ist-Situation bzw. eine Tendenz auf und kann somit natürlich als Warnung verstanden werden. Es wird aber(meistens) nicht vor dem bevorstehenden Tod gewarnt, sondern vor den momentan belastenden Gefühlen, die Sie mit Ihrer Beziehung zu diesem Menschen verbinden.

Beispiel 1: Ein Freund stürzt ab

Ein Freund droht von einer Klippe zu stürzen und Sie versuchen, ihn festzuhalten. Doch Sie schaffen es nicht und der Freund stürzt ab. Folgende Fragen können Licht ins Dunkel bringen:

* Wie es kommt, dass ich unbewusst glaube, mein Freund würde abstürzen. Oder bin ich es selbst, der von einem „Absturz" bedroht ist und will es nur nicht wahrhaben?
* Süchte aller Art und finanzielle Probleme werden ja häufig als „Absturz" betitelt.
* Bin ich tatsächlich so etwas wie ein Halt für meinen Freund, klammert dieser sich ausnahmslos an mich? Oder/Und suche ich selbst einen inneren Halt und fühle mich „haltlos"?
* Wird es mir manchmal zu viel, als Halt herhalten zu müssen, ohne selbst in Notzeiten einen Halt zu haben?
* Kann ich dem Freund den nötigen Halt nicht geben und mache mir deshalb Vorwürfe?
* Möchte der Freund mich womöglich in irgendeiner Form verlassen und ich kann ihn nicht halten?

Hier spielt wieder das Steinbock/Saturn-Prinzip mit, dem die Aspekte Tod und Klippe bzw. Berg zugeordnet werden können. Die Lösung des Problems liegt darin, sich selbst und seinen Gefühlen dem anderen gegenüber ehrlicher zu sein. Sie müssen und können nicht immer der Halt für andere sein. Auch Sie benötigen manchmal jemanden, der „zu Ihnen hält". Sie können nicht immer alles verhindern, was anderen passiert. Überlassen Sie manches davon einer höheren Instanz, denn Sie können nicht alles im Leben festhalten. Manchmal ist Loslassen die bessere Lösung. Sie tun, was Sie können, aber ob jemand im Leben abstürzt oder nicht, liegt nicht an Ihnen. Bevor jemand im Leben von seinem Weg abkommt und fällt, geschehen Dinge, die nicht Ihrem Einfluss unterliegen. Sie können nicht alles und jeden im Leben festhalten. Stattdessen sollten Sie nach Ihrem eigenen inneren Halt suchen, der Ihnen bleibt, wenn auch Sie einmal zu fallen glauben.

Beispiel 2: Eine nahestehende Person ertrinkt

Ihr Traum: Sie waren einen kleinen Moment abgelenkt, haben woanders hingeschaut und schon ist es passiert: Ein nahestehender Angehörige (meist ein Kind) oder auch ein Haustier fällt ins Wasser und ertrinkt. Sie stehen da und können nichts dagegen tun. Vielleicht rufen Sie die Feuerwehr, aber es ist zu spät und Sie können es nicht ungeschehen machen.

Sie erinnern sich: Der Mensch neigt unbewusst dazu, sich nach einem vermeintlichen Fehlverhalten selbst zu bestrafen. Dies könnte eventuell die Ursache eines solchen Traumes sein.

Mit den folgenden Fragen kommen Sie Ihrem Unterbewusstsein auf die Spur und können einen Zugang zu Ihren innersten Ängsten, Selbstvorwürfen und Selbstbestrafungstendenzen finden. Eine kleine Warnung steckt auf jeden Fall in einem solchen Traum. Doch wie im vorherigen Traum, ist Ihr Liebling wahrscheinlich nicht unmittelbar vom Tode bedroht, sondern es steckt etwas anderes hinter diesem Alptraum, den wohl viele Mütter oder Herrchen/Frauchen eines Haustieres kennen.

Fragen Sie sich:

* Habe ich – ob berechtigt oder nicht – das Gefühl, diese Person versehentlich vernachlässigt zu haben?
* Ihr verdrängtes schlechtes Gewissen sorgt dann dafür, dass Sie im Schlaf daran erinnert werden, was Sie am Tage versäumt haben.
* Leide ich ein wenig unter Kontrollsucht und der Angst, dass alles „drunter und drüber oder untergeht", wenn ich nicht ständig anwesend bin, um aufzupassen?
* Mache ich mir Sorgen um die mir nahestehende Person und habe ich Angst, dass diese einfach „untergeht", ohne dass ich etwas dagegen tun kann?
* Leide ich generell unter Schuldgefühlen oder der Angst für Dinge verantwortlich gemacht zu werden, die ich selbst gar nicht zu verantwortet habe?

* Betrifft der Traum vielleicht Ihr Teenager-Kind, in dessen Leben ohnehin alles drunter und drüber geht?
* Habe ich Bedenken, dass mein Teenager es ohne meine Hilfe nicht schafft, auf den Wellen des Lebens zu reiten und darum untergeht, wenn es „ins kalte Wasser springt"?
* Oder bin ich am Ende gar selbst die Person, die unbewusst in einem Meer aus Verlustängsten, Selbstvorwürfen und anderen verdrängten Gefühlen untergeht?

Auffällig ist, dass es in einem solchen Traum nicht immer ein hilfloses Baby ist, welches zu ertrinken droht. Jugendliche, Erwachsene und auch Hunde können in der Regel schwimmen und benötigen Ihre Hilfe nicht, falls Sie ins Wasser fallen sollten. Aber ob Baby, Teenager oder Hund:

Der gemeinsame Nenner ist, dass Sie sich nicht nur verantwortlich, sondern - aus welchem Grund auch immer - sogar schuldig fühlen.

Astrologisch gesehen kommen im Wassersymbol unter anderem wieder Neptun und das Fische-Element mit ins Spiel, welche für eine gewisse Vernebelungstaktik stehen und damit das Bewusstsein trüben können. Einmal nicht aufgepasst und schon ist es passiert. Doch auch das Gegenteil kann der Fall sein: Egal, wie sehr Sie auch bemüht sind, dass Ihrem Liebsten nichts passiert: Sie können nicht alles immer nur kontrollieren und verhindern. Sie können nur Ihr Bestes geben. Der Rest ist Vertrauen - Vertrauen darauf, dass Ihr Teenager im Leben nicht untergeht, auch wenn Sie ihn nicht ständig unter Beobachtung haben. Vertrauen Sie darauf, dass ein geliebter Mensch auch ohne Sie weiterkommt und Sie trotzdem nicht verlässt. Vertrauen Sie darauf, dass Ihr Hund nicht gleich vom Untergang bedroht ist, wenn Sie einmal weniger Zeit für ihn haben.

Wenn Sie wieder bewusster und aufmerksamer durchs Leben gehen, ohne sich ständig Vorwürfe zu machen, dass Sie nicht immer für alle gleichzeitig da sein können, dann hat der Traum schon etwas bewirkt.

Schlagen Sie eine Brücke zwischen Ihrem schlechten Gewissen und Ihren Verlassenheitsängsten. Auf dieser Brücke können Sie Ihren Lieben die Aufmerksamkeit schenken, die diese benötigen und sehen gleichsam von oben - mit etwas Abstand - dass Ihnen niemand davonschwimmt und schon gar nicht untergeht.

Beispiel 3: Eine nahestehende Person wird ermordet

Keine Angst: Auch ein solcher Traum kündigt in den seltensten Fällen einen bevorstehenden Mord an. Doch ein wichtiges Ereignis scheint schon bevorzustehen, sonst hätten Sie diesen Traum nicht gehabt.

Manchmal mischen sich Elemente aus Filmen, Büchern oder dem Alltag mit in einen Traum hinein. Sie müssen nicht die Ursache für den Traum darstellen, sondern werden sozusagen als Material verwendet, um eine Situation zu verdeutlichen.

Träume, in denen eine nahestehende, geliebte Person ermordet wird, haben meist eine der beiden folgenden Ursachen und Bedeutung:

1. Sie hatten Streit mit der betreffenden Person und Ihren Ärger unterdrückt. Im Traum werden dann Ihre geheimsten Gedanken offensichtlich („Ich hätte ihn umbringen können!").

Doch diese können Sie sich bewusst nicht eingestehen, daher übernimmt ein Unbekannter das Morden für Sie. Gleichzeitig wird Ihnen Ihr schlechtes Gewissen aufgrund Ihrer „bösen Gedanken" durch diesen Traum klarmachen, wie viel Ihnen tatsächlich an der betreffenden Person liegt. So werden Ihnen Ihre Wutgefühle und Gedanken auch noch nach dem Traum leidtun und Sie sind bemüht, alles zu unternehmen, um den Frieden zwischen Ihnen beiden wieder herzustellen.

2. Sie leiden unter Verlustängsten, die – je länger es Ihnen gutgeht, desto häufiger – in Form von Träumen dieser Art auftreten. Sie haben in Ihrem Leben schon so oft Verluste hinnehmen müssen, als Kind womöglich Traumatisches erlebt oder sind unvermittelt verlassen worden. Nun leiden Sie ständig unter der Angst, dies könnte sich wiederholen, sobald es Ihnen einmal längere Zeit gut geht.

Fragen Sie sich einmal, wovor Sie im Leben am meisten Angst haben. Es könnte sein, dass es genau das ist, was im Traum passiert: Plötzlich geschieht etwas Unvorhergesehenes und eine geliebte Person, der Mittelpunkt Ihres Lebens, ist von einem Moment auf den nächsten nicht mehr da.

Sie sind machtlos und können absolut nichts tun. Haben Sie so etwas schon einmal erlebt? Vielleicht als Kind? Es muss ja nicht sein, dass jemand tatsächlich gestorben ist. Es genügt schon, dass Vater oder Mutter die Familie verlassen haben, eine vertraute Person Sie als Kind enttäuscht hat oder ein geliebtes Haustier gestorben ist. Aus diesen Gründen können Sie ebenfalls große Angst vor dem Verlust einer geliebten Person entwickeln. Nach einem solchen Traum sollten Sie sich jedoch fragen:

* Warum habe ich gerade jetzt diesen Traum? Gibt oder gab es einen konkreten Anlass für das erneute Aufflammen dieser (ur-) alten Angst?
* Stehe ich in letzter Zeit unter Stress und Anspannung, die mit einer erhöhten Stresshormonausschüttung einhergehen und für solche Träume mitverantwortlich sein können?
* In welchen Situationen habe ich einen solchen Traum, der ja nicht unbedingt der erste dieser Art war?
* Was hat mich derart verunsichert und in meinen Grundfesten erschüttert, dass dieser Traum mir meine Verlustängste offenbart?

Dieser Traum trägt sehr viele Skorpion-Aspekte in sich, die an das „Stirb und Werde" innerhalb einer inneren Wandlung erinnern. Der Traum zeigt auch, dass Sie Angst vor dem Unbekannten haben. Sie erinnern sich? Ein „Unbekannter" ermordet eine von Ihnen geliebte Person. Unbekanntes ist gleich Feindbild, aber warum eigentlich?

Hier offenbart sich eine zutiefst misstrauische Weltsicht, eine Sicht auf eine Welt, die voller Feinde und Bedrohungen zu sein scheint, in der Sie (und Ihre geliebte Person) die hilflosen Opfer eines Unbekannten sind. Im Traum, wie wahrscheinlich auch im Leben, empfinden Sie sich als macht- und hilflos. Wie können Sie aus der vermeintlichen Opferrolle herauskommen, bevor Sie oder die Ihnen nahestehende Person getötet werden? Vielleicht liegt ein Teil der Lösung darin, dass Sie sich von der Opferrolle „lösen". Nicht Sie oder Ihr geliebter Mensch werden ermordet, sondern die Opferrolle ist zum Sterben verurteilt. Es wird Zeit, dass Sie sich mit etwas anderem identifizieren als immer nur mit Ihrer Rolle als hilfloses Opfer. Ein anderer, Ihnen „unbekannter" Aspekt Ihrer selbst möchte leben und gelebt werden. Noch hat dieses Unbekannte in Ihnen kein Gesicht, so wie der Unbekannte in Ihrem Traum vermutlich kein Gesicht hatte. Doch geben Sie Ihrer unbekannten, starken und selbstbewussten Seite ab heute ein Gesicht - Ihr Gesicht - denn auch diese Seite in Ihnen möchte gesehen und anerkannt werden. Es ist nicht nötig, dass Sie dafür jemanden töten, außer vielleicht die Opferrolle, aus der Sie nun herauswachsen, da es dafür an der Zeit ist.

Zwar können Sie auch dann nicht alles Unbekannte im Leben kontrollieren. Aber das müssen Sie auch nicht, wenn Sie dem Unbekannten in sich mehr Vertrauen schenken und darauf bauen, dass nicht alles, was auf Sie zukommt, eine unerträgliche Bedrohung ist. Nehmen Sie Ihr inneres Kind in den Arm und sagen Sie ihm, dass es nicht allein ist und Sie es auch niemals verlassen werden.

Und nehmen Sie die geliebte und im Traum ermordete Person in den Arm und genießen Sie Ihr neues, erweitertes Selbstbild, auch wenn Sie sich erst daran gewöhnen müssen.

Der Traum, verfolgt zu werden

Der Traum, von einem Unbekannten verfolgt zu werden, reiht sich in die Träume, in denen unerkannte, eigene Aspekte sich bemerkbar machen wollen. Ganz deutlich ist hier der eigene Schatten, in Form eines Unbekannten (meist ohne erkennbares Gesicht), am Werk, der den Träumenden verfolgt.

Natürlich verfolgt Sie Ihr eigenes Schattenbild, ähnlich wie im vorherigen Traum. Doch nur da, wo viel Licht ist, da ist auch viel Schatten, weiß ein bekanntes Sprichwort zu sagen.

Etwas in den Tiefen Ihres Unterbewusstseins will wahrgenommen und in Ihr Selbstbild integriert werden, will Licht werden und zu Ihnen gehören. Zusätzlich ist es auch oft so, dass wir uns selbst bedrängen, unter Druck setzen, hetzen - kurzum verfolgen und nicht in Ruhe lassen. Es gibt also auch hier mehrere Aspekte, die es zu deuten gilt, mehrere Fragen und deren Antworten, die Ihnen die Deutung des Traumes erleichtern können:

1. Welche Angst, welche Befürchtung lässt mich nicht mehr los bzw. welche Gedanken kann ich selbst nicht loslassen? Gibt es einen konkreten Anlass für meine Angst oder neige ich allgemein zu Ängsten, die ich zwanghaft unterdrücke, um von ihnen nicht unterdrückt zu werden?

Doch das wird auf Dauer nicht funktionieren. Stellen Sie sich Ihren Ängsten und damit Ihrem Verfolger im Traum.

2. Wovon fühle ich mich im Alltag momentan besonders beengt und verfolgt?

Dies ist selten eine reale Person, sondern meist sind es (unbekannte) Aufgaben, Herausforderungen und Dinge, die auf Sie zukommen und mit denen Sie sich auseinandersetzen müssen. Doch je mehr Sie den Gedanken an diese Dinge verdrängen, desto mehr schüren Sie unbewusste Ängste, die sich in dieser unbekannten Person, dem Schattenbild des Verfolgers verdichten und Sie verfolgen. So wie Ihnen Ihre nahe Zukunft mit den unbekannten Aufgaben und Herausforderungen unbewusst Angst bereitet und der Tag X doch immer näherkommt, so bleibt Ihnen auch der unbekannte Verfolger auf den Fersen und hat Sie bald eingeholt.

Womöglich ist es nicht nur etwas in der Zukunft liegendes, sondern ein in der Vergangenheit nicht bewältigtes Geschehen, welches in Ihnen immer wieder hochkommt, Sie also von innen heraus verfolgt? Sie kennen doch den Spruch: Er ist von seiner Vergangenheit eingeholt worden. Verfolgt werden und eingeholt werden sind ja recht verwandte Situationen. Wer oder was möchte Sie da einholen und noch einmal ins Licht des Bewusstseins gerückt werden? Auch hier gilt es, sich dem Zukünftigen oder bereits Vergangenem zu stellen und damit dem Verfolger ins Gesicht zu blicken.

3. Wo bin ich mir selbst unbekannt?

Haben Sie schon einmal eine Katze dabei beobachtet, wie sie ihrem eigenen Schwanz nachjagt? Ob die Katze wohl weiß, dass es ihr eigener Schwanz ist, den sie verfolgt und sich einfach einen Spaß daraus macht? Im Traum wissen wir meist nicht, dass wir selbst es sind, die sich verfolgen. Und nicht immer muss es sich dabei um eine Bedrohung handeln, siehe Katze. Manchmal ist es ja vielleicht sogar etwas Positives, welches Sie verfolgt, aber noch nicht als solches von Ihnen erkannt worden ist. Dies könnten eine Idee oder ein Wunsch sein oder aber auch ein Ruf nach Veränderung. Nicht immer versteckt sich hinter dem gesichtslosen Verfolger ein grausames Wesen. Stellen Sie sich ein Kind vor, welches seiner Mutter nachrennt. Wüssten Sie nicht, dass es sich um ein Kind handelt, würden Sie ebenfalls denken, dass die arme Frau verfolgt wird. Wir alle tragen ebenso ein inneres Kind mit uns herum, welches nach Aufmerksamkeit verlangt. Wenden wir uns zu sehr der Außenwelt zu, verlieren wir den Kontakt zu unseren kindlichen Aspekten und damit zu unserem inneren Kind. Wir verlieren die Verbindung zu uns selbst. Je nachdem, welche innerseelischen Instanzen sich von Ihnen verdrängt und vernachlässigt fühlen, verdichten diese sich zu einer dunklen, unbekannten, bedrohlichen Person, die Sie dann in Ihren Träumen verfolgt.

Bei dunklen Schattengestalten hat immer Hades alias Pluto seine Hände im Spiel. Er, Herr der Unterwelt, öffnet seine Tore und bestimmt, was nach oben ins Bewusstsein kommen darf oder im Unterbewusstsein des Träumenden verbleiben soll.

Doch welche Lösung gibt es, wenn Sie nun im Traum vor einem Verfolger fliehen müssen, den Ihnen Ihr eigenes Unterbewusstsein (zurück)geschickt hat?

Ob nun eine einzige Antwort die Bedeutung Ihres Traumes offenbart oder gar alle drei Deutungen zutreffen: Es gibt vermutlich nur eine Lösung: Stellen Sie sich dem Verfolger – und dies nicht nur im Traum. Fragen Sie sich: Wer bist du? Stellen Sie sich Ihrer Zukunft, Ihrer Vergangenheit und Ihren unbekannten, aber eigenen Aspekten, die

Ihnen manchmal als fremd und unheimlich erscheinen. Denn unbekannt, fremd und unheimlich erscheint nur etwas, mit dem wir uns nicht identifizieren wollen, etwas, das wir nicht sehen wollen. Vielleicht möchte aber dieses Etwas einfach gesehen werden, so wie es ist. Und meist stellt sich dieses Etwas als etwas heraus, das schon immer zu Ihnen gehörte und jetzt seinen offiziellen Platz in Ihrem Herzen und Ihrem Leben ergattern möchte.

Der Traum, in Gefahrensituationen wie gelähmt zu sein

Hatten Sie schon einmal einen Traum, in dem Sie einer Gefahr entkommen wollten, aber wie gelähmt waren, nicht oder nur ganz langsam vorwärtskamen?

Dieser offenbart Ihr Gefühl der Hilflosigkeit, welches Sie womöglich einmal in dramatischer Art und Weise erfahren mussten. Kriegsüberlebende, Missbrauchsopfer und Menschen, die ein Trauma erlebt haben, fühlen sich in vielen, eigentlich kaum bedrohlichen Situationen bereits bedroht und erleben sich selbst dabei als gelähmt und ausgeliefert. Diese Flashbacks gehören zum Bild der posttraumatischen Belastungsstörung und können sich auch in entsprechenden Angstträumen widerspiegeln. Die Sprache kennt den Ausdruck „vor Angst wie gelähmt zu sein" und tatsächlich kann Angst nicht nur zum Wegrennen und zur Flucht führen, sondern auch das Gegenteil bewirken: Der Mensch möchte fliehen, kann es aber nicht. Sich mit den eigenen traumatischen Erlebnissen auseinanderzusetzen kann und sollte niemand von heute auf morgen. Aber solche Träume zeigen, dass es nun an der Zeit ist, sich damit zu beschäftigen. Denn sonst kommt nicht nur dieser Traum immer wieder, sondern auch das Gefühl der Hilflosigkeit und Ohnmacht, der Lähmung und des Ausgeliefertseins. Hier ist das Widder-Prinzip gefragt. Das Vorwärtskommen, sich bewegen, den Anfang machen, Aggressionen zulassen, die ja auch durchaus berechtigt sein können, und mithilfe dieser Aggression die Flucht oder Verteidigung zu wagen. Und täuschen Sie sich nicht! Auch, wenn Sie der Meinung sind, doch ein Macher zu sein, alles immer unter Kontrolle zu haben und in keiner Weise hilflos zu sein: Hier könnte sich Ihr Schatten im Traum bemerkbar machen. Denn vielleicht ist es insgeheim Ihre Urangst der eigenen, erlebten Hilflosigkeit, die als Motivation für Ihre (Über)Aktivität zu deuten ist. Grundsätzlich ist es ja positiv zu bewerten, dass Sie der Angst hiermit etwas entgegensetzen. Aber dies gilt nicht, wenn Sie damit vor sich selbst die eigentliche Ursache, nämlich Ihre erlebte und nun gefürchtete Hilflosigkeit, unterdrücken und verstecken wollen. Wo ein Plus ist, da ist auch ein Minus und wo viel Licht ist, da ist auch viel Schatten.

Nach einem solchen Traum stellen Sie sich also am besten folgende Fragen:

* Wann in meinem Leben habe ich eine Situation erlebt, in der ich mich weder wehren noch fliehen konnte und (m)einem Peiniger oder einer anderen Bedrohung hilflos ausgeliefert war?

* Gibt es in meinem Leben momentan eine Situation, die mich vielleicht unbewusst an damals erinnert und in der ich mich ebenfalls wie gelähmt fühlte?
* Neige ich dazu, mich als hilflos oder als Opfer zu fühlen, obwohl ich doch eigentlich etwas dagegen tun könnte?

Oder auch das Gegenteil:

* Überspiele ich meine Angst, indem ich dafür sorge, dass ich jede Situation kontrollieren kann, damit ich nie wieder in eine solche Situation gerate, in der ich unterlegen und machtlos bin?

Der gemeinsame Nenner ist: Die Angst vor Kontrollverlust, vor dem Erleben der Hilflosigkeit und Ohnmacht.

Es gilt, sich auf der einen Seite, die dahinterstehende Angst bewusst zu machen, die als Triebfeder für das Handeln fungiert. Das Zauberwort heißt „bewusst". Dann können Sie etwas in Bewegung setzen, sich in Bewegung setzen und nicht mehr wie gelähmt darauf warten, vom Schicksal eingeholt zu werden. Sie werden niemals alles im Leben unter Kontrolle haben. Aber Sie können handeln, wenn es geboten ist. Sie sind nicht mehr in der gleichen Situation wie damals, als Sie womöglich wirklich nichts tun konnten, um sich selbst zu schützen. Angst kann lähmen, ja. Aber Sie können sie auch dazu benutzen, um etwas zu verändern. Wichtig ist, dass Sie sich Ihres „Beweggrundes" bewusst sind, denn dann entscheiden Sie selbst ganz bewusst, ob und wann Sie sich aus einer Situation entfernen oder bleiben, ohne dass Sie sich wie gelähmt fühlen müssen.

Der Traum vom schnellen Fahren

Haben Sie auch schon einmal geträumt, dass Sie im Auto, im Bus oder in der Bahn sitzen und diese plötzlich immer schneller werden, ohne, dass Sie etwas dagegen unternehmen können?

Damit sind Sie nicht allein, denn dieser Traum wird ebenfalls recht häufig geträumt. Natürlich kommt es bei der Deutung noch einmal darauf an, ob Sie selbst fahren oder von Anfang an als Beifahrer daneben saßen. Folgende Ursachen für diesen Traum kommen meist infrage:

1. Im Moment befinden Sie sich im Berufs- oder Privatleben „auf der Überholspur", wie es so schön heißt. Doch manchmal kann sich das Ganze als so rasant erweisen, dass Sie geistig-seelisch nicht mehr mitkommen und Ihre Erlebnisse erst einmal verarbeiten müssen. Manche Dinge passieren so schnell, dass sie Sie gar nicht bewusst wahrnehmen können. Sie rauschen buchstäblich an Ihnen vorbei - gerade so, als säßen Sie im Auto und würden durch die Sie umgebende Landschaft rauschen.
2. Finden Sie sich im Traum in der Rolle des hilflosen Beifahrers wieder und haben Sie unter Umständen nicht einmal (Sicht-) Kontakt zum Fahrer, wird das Ganze noch interessanter. Sie können davon ausgehen, dass

Sie auch hier der unsichtbare, unbekannte Fahrer sind. Dies passiert gerade in schwierigen Zeiten, in denen Sie oftmals das Gefühl haben, „neben sich zu stehen“. Eine Instanz in Ihrem Unterbewusstsein übernimmt einen Großteil Ihrer Alltagsaufgaben, da Sie bewusst nicht bei der Sache sind und Ihre Gedanken, wenn Sie überhaupt zum bewussten Denken kommen, ständig nur um Ihre Probleme kreisen.

Es sind diese Zeiten, von denen Sie hinterher sagen, dass Sie gar nicht wissen, wie Sie diese durchgestanden haben. Dazu gibt es eine schöne Geschichte von Margaret Fishback Powers, die genau das beschreibt. Hier ist sie in etwas umgewandelter Form:

Eines Nachts hatte ich einen Traum:

„Ich ging mit meinem Schutzengel am Meer entlang.

Vor dem dunklen Nachthimmel erstrahlten wie Sternenbilder, Bilder aus meinem Leben.

Und jedes Mal sah ich zwei Fußspuren im Sand, meine eigene und die meines Engels, der neben mir lief.

Doch ich erschrak, als ich entdeckte, dass in den schwersten Zeiten meines Lebensweges nur eine Spur zu sehen war.“

Da fragte ich meinen Schutzengel:

„Engel, du hast mir einst versprochen, auf allen Wegen bei mir zu sein.

Aber jetzt entdecke ich, dass in den schwersten Zeiten meines Lebens nur eine Spur im Sand zu sehen ist.

Warum hast du mich allein gelassen, als ich dich am meisten brauchte?"

*

Da antwortete mein Schutzengel:

„Mein liebes Kind, ich liebe dich und werde dich nie allein lassen, erst recht nicht in Nöten und Schwierigkeiten.

Dort wo du nur eine Spur gesehen hast, da habe ich dich getragen."

Danken Sie Ihrem inneren Schutzengel, dass er Ihr Lebensschiff sicher in den nächsten Hafen einfahren lässt. Doch wenn es Zeit ist, sollten Sie wieder selbst, das heißt bewusst, die Führung übernehmen und es auch wieder etwas langsamer angehen lassen.

Nach vorne zu streben und sich am Geschwindigkeitsrausch zu erfreuen oder auch ihn zu fürchten, ist ein Widder-Thema. Mars, der Kriegsgott, ist für seine wilde Schnelligkeit bekannt und reagiert nicht immer vernünftig und bewusst. Doch nach jeder wilden Zeit kommt eine Zeit der Einkehr, des bewussten Handelns und Genießens. Es gibt ein Morgen, in dem nicht mehr alles drunter und drüber geht, sondern in dem Sie auf diese schwere Zeit zurückblicken können und wissen: Sie waren nicht allein, ein Anderer hat Sie auf seinen Schultern getragen.

Kleines Lexikon wichtiger Traumsymbole

Für jedes Traumsymbol kommen gleichzeitig mehrere Deutungen infrage. Ob ein Traum nun ein Tagesgeschehen oder Ihre aktuelle Situation widerspiegelt, ein Kompensationsversuch Ihres Unterbewusstseins ist oder gar prophetischen Charakter hat, werden Sie mit der Zeit herausfinden. Vergessen Sie bei der Traumdeutung mithilfe des Traumsymbollexikons jedoch nicht, dass Sie immer erst die vordergründige, individuelle Schicht deuten müssen, bevor Sie in tiefere Schichten Ihres Traumes und damit auch Ihres Unterbewusstseins eindringen können. Stellen Sie sich Ihren Traum wie eine Zwiebel vor: Sie tragen nun Schicht für Schicht ab. Die Zwiebel versinnbildlicht die verschiedenen Bewusstseinsschichten perfekt. Denn alles an der Zwiebel ist Zwiebel, es gibt lediglich diese verschiedenen Schichten. So gibt es auch nur ein Bewusstsein, welches schichtweise zum Vorschein kommt. Auch hier müssen zuerst die oberen, sichtbaren Schichten abgetragen werden, damit Sie an Ihr persönliches Unterbewusstsein und - noch weiter - an das kollektive, universelle Unbewusste herankommen. Natürlich reicht dieses kleine Lexikon der Traumsymbole nicht aus, um alle erdenklichen Symbole zu erklären. Sollte also eines Ihrer Traumsymbole hierin nicht vorkommen, dann verfahren Sie, wie bereits beschrieben. Fragen Sie sich: Was bedeutet das Symbol für mich persönlich? Dieses ist die erste Schicht, dann kommt die nächste usw.

Hier nun also die häufigsten Traumsymbole:

Abfall:

Etwas, was Sie hinter sich lassen können (Gefühle, Ängste, Beziehungen, Vergangenheit).

Frage: Was ist in meinem Traum mit dem Abfall passiert?

Abgrund:

Angst oder auch Warnung vor einem Absturz (privat, gesundheitlich, finanziell, gesellschaftlich, beruflich).

Fragen: Wer steht da am Abgrund? Wovor fürchte ich mich oder wovor verschließe ich meine Augen? Bin ich in irgendeiner Form zu leichtsinnig?

Abreise:

Es steht eine Veränderung bevor. Sie lassen jemanden oder etwas auf Ihrer Lebensreise hinter sich.

Fragen: Ist die Abreise im Traum emotional positiv oder negativ gefärbt? Klappt sie reibungslos oder ist sie eher von Problemen überschattet? Und wo geht die (Lebens) Reise hin?

Absturz:

Warnung bzw. Angst vor einem Verlust, einer abrupten Verschlechterung der jetzigen Situation (gesundheitlich, beruflich, finanziell) – siehe auch Abhang und Fallen.

Fragen: Wer droht abzustürzen? Wo sind momentan meine Schwachstellen, die mehr Aufmerksamkeit, mehr bewusstes, waches Handeln benötigen, damit ich den „Absturz" verhindern kann?

Adler:

Der Adler steht in erster Linie für geistig-seelische Höhenflüge, Freiheit, „Über den Dingen schweben" und den Wunsch nach mehr Weite.

Fragen: Ist der Adler verletzt, kann er womöglich nicht fliegen? Oder kann ich ihn nur aus der Ferne beobachten, während ich selbst die Erdschwere wie eine Last spüre? Benötige ich mehr Raum und Luft zum Atmen für mich?

Affe:

Mit dem Affen verbinden die meisten Menschen Schläue, Hinterlistigkeit, Albernheit und Gewandtheit. Auch in der chinesischen Astrologie werden dem Affen diese Eigenschaften zugeschrieben. Doch sind diese nicht unbedingt nur negativ behaftet. Denn Sie können dem Affen das Überleben in Gefahrensituationen garantieren. Nicht umsonst gibt es im Kung Fu einen Affenstil, der diese auffälligsten Eigenschaften des Affen einsetzt.

Fragen: Was macht der Affe in meinem Traum? Hatte ich Angst vor dem Affen? Fehlt es mir genau an diesen Eigenschaften, um meinem Leben eine Wende zu geben? Traue ich mich nicht, einmal ein wenig Hinterlist anzuwenden, um so leichter an mein Ziel zu kommen? Fehlt es mir an diplomatischen Winkelzügen, bin ich zu direkt und lege (zu meinem Schaden) die Karten immer gleich offen auf den Tisch? Aber auch: Wo habe ich mich zum Affen gemacht oder befürchte, dass andere mich nicht ernst nehmen?

Alterungsprozess:

Wenn Sie oder auch ein anderer Mensch im Traum plötzlich altern, dann könnte es sein, dass Sie sich in erster Linie vor dem Älterwerden, genauer gesagt vor dem körperlichen Verfall fürchten. Je nachdem, was das Älterwerden für Sie bedeutet, kann es jedoch auch positive Eigenschaften aufzeigen: So zum Beispiel als Aufruf zu einer neuen Sichtweise, mit der Sie mehr Abstand zum aktuellen Tagesgeschehen erhalten.

Fragen: Wer ist in diesem Traum gealtert? Benehme ich mich meinem Alter entsprechend? Wie würde ich meine aktuelle Situation in einigen Jahren mit mehr (zeitlichem) Abstand betrachten und beurteilen? Oder habe ich Angst vor dem Älterwerden und den damit einhergehenden Veränderungen?

Ameisen:

Treten Sie im Traum in einen Ameisenhaufen und fühlen Sie das bekannte Kribbeln und Brennen, kann es tatsächlich sein, dass Ihnen nur der Fuß eingeschlafen ist. Aber auch körperliche Beschwerden des Nervensystems können sich durch diesen Traum andeuten, falls sich der Traum wiederholen sollte. Ansonsten überlegen Sie, welche Bedeutung Ameisen für Sie haben.

Fragen: Wo bin ich am Tag in ein „Ameisennest" getreten? Wo habe ich etwas zum Leben erweckt, um das ich lieber einen großen Bogen gemacht hätte? Oder auch: Fühle ich mich klein und als unscheinbares Rädchen in einem großen Getriebe? Oder ekle ich mich vor körperlicher Lebendigkeit und möchte lieber Sterilität im Leben? Wo fehlt es mir an Geschäftigkeit und Lebensenergie, die ich in ein größeres Ganzes investieren kann?

Amputation:

Werden Ihnen im Traum ein Bein, ein Arm oder eine Hand amputiert und Sie finden keinen direkten Bezug zum reellen Leben, dann geht es um den Verlust der mit dem amputierten Körperteil verbundenen Fähigkeiten. Sie fühlen sich im Alltag gerade in irgendeiner Weise gehandicapt, behindert oder in Ihrem Werdegang, Ihrem Fortschritt und Ihren Handlungen gebremst. Die Sprache verrät schon, worum es in diesem Traum geht, wenn Sie genau hinschauen.

Fragen: Wer oder was hindert mich am Weiterkommen und daran, etwas Bestimmtes zu tun? Warum lasse ich mich in meinen Plänen und in meinem Können „beschneiden"? Wo beschneide und sabotiere ich mich selbst? Was kann ich tun, um wieder voll beweglich und einsatzfähig zu werden und meine Handlungsfähigkeit wieder voll herzustellen?

Ansteckung:

Wenn Sie sich im Traum bei jemandem anstecken, dann haben Sie sich eine fremde Meinung zu eigen gemacht. Oder Sie „stecken mit jemandem unter einer Decke" und haben folglich keine eigene Decke (Meinung). Überlegen Sie einmal, was man alles anstecken und weitergeben kann: Feuer (Energie), Begeisterung, schlechte Laune, Weltansichten usw.

Fragen: Habe ich Angst davor, dass meine eigene Meinung nicht toleriert wird und ich gezwungen bin, eine andere, fremde Meinung anzunehmen und zu teilen? Fällt es mir schwer, zu mir und meiner Meinung zu stehen und lasse ich mich zu schnell von anderen Menschen beeinflussen (anstecken)?

Arzt:

Natürlich könnte es sich um einen Aufruf handeln, zum Arzt zu gehen. Meistens ist es jedoch der innere Arzt „Archäus“ oder aber das „Höhere Selbst“, eine innere Autorität, welche als Arzt auftritt und womöglich etwas Wichtiges mitzuteilen hat. Dieser Traum kann aber auch Ihre Angst vor Autoritätspersonen aufzeigen.

Fragen: Stehe ich an einem Scheitelpunkt in meinem Leben, in dem ich mir eine innere Führung wünsche? Was hat der Arzt in meinem Traum zu mir gesagt, was hat er getan? Kann ich mich dieser inneren Führung anvertrauen?

Atombombe:

Der Traum von einer Atombombe weist auf dramatische Geschehnisse in Ihrer aktuellen Lebenssituation hin. Auch unkontrollierte Gefühlsausbrüche können sich als Atombombe zeigen.

Fragen: Wo sollte ich mich besser von meiner Vernunft als von meinen Gefühlen leiten lassen? Welche zerstörerischen Impulse gilt es, zu kontrollieren und in neue Bahnen zu lenken, damit ich nichts zerstöre, was mir eigentlich am Herzen liegt?

Ausweis:

Hier geht es um Ihre Identität und um Ihre Persönlichkeit. Haben Sie im Traum Ihren Ausweis verloren, dann geht es um einen drohenden Persönlichkeitsverlust.

Fragen: Kenne ich mich wirklich? Habe ich ein zu schwaches Ich-Bewusstsein? Stelle ich mich und meine Integrität zu oft infrage?

Auto:

Mit dem Auto kommen Sie vorwärts – ob in privater, beruflicher oder anderer Hinsicht.

Fragen: Bin ich selbst das Auto gefahren oder war ich nur Beifahrer? War es ein kleines oder großes Auto? War das Auto defekt und ich bin nicht vorwärtsgekommen?

Baby:

Wenn eine werdende Mutter von einem Baby träumt, hat dies natürlich eine andere Bedeutung als bei jemandem, der keinen Bezug zu Babys hat. Denn manchmal geht jemand auch „mit einer Idee schwanger" und es ist Zeit für einen Neuanfang.

Fragen: Welche Idee schleppe ich schon seit Längerem mit mir herum? Welche im Traum vorhandenen Begleitumstände könnten wichtig sein und mir bei der Deutung helfen?

Bahnhof:

Am Bahnhof entscheiden wir, wo unsere (Lebens-) Reise hingeht. Es geht also darum, eine Entscheidung für die Zukunft zu treffen.

Fragen: Habe ich den Zug verpasst oder bin ich in den falschen Zug eingestiegen? Fährt der Zug überhaupt dorthin, wohin ich möchte?

Barfußlaufen:

Wer barfuß läuft, ist auf der einen Seite frei von Einengungen und andererseits jedoch auch verletzlicher, da Schuhe einen gewissen Schutz bedeuten. Barfuß am Strand ist natürlich etwas anderes als ohne Schuhe in der Stadt herumzulaufen.

Fragen: Wie kam es im Traum dazu, dass ich barfuß lief? Fühlte es sich eher gut oder unangenehm an?

Übrigens: Wer seine Schuhe im Traum verliert, sollte sich um seine finanzielle und materielle Sicherheit kümmern.

Bauch:

Der Bauch ist buchstäblich bedeutungsschwanger. So sind hier ebenfalls die Begleitumstände wichtig. Es kann sich um eine Warnung vor zu viel oder falschem Essen handeln, verborgene Werte aufzeigen oder auch Glückseligkeit (der lächelnde Buddha) bedeuten. Der Wunsch nach Geborgenheit und mütterlicher Liebe kann sich ebenfalls durch diesen Traum ausdrücken. Welchen Bezug habe ich zu meinem Bauch? Was sagt mir mein „Bauchgefühl"?

Baum:

Meist ist der Baum als sogenannter Lebensbaum zu verstehen. Auch Schwangere scheinen daher einen Bezug zu Bäumen zu haben. Ein Baum symbolisiert Kraft, Verwurzeltsein, Selbstbewusstsein, innere Ruhe und Gelassenheit, um auch mit den Stürmen im Leben fertig zu werden.

Fragen: Hatte der Baum gesunde Blätter, einen starken Stamm und kräftige Wurzeln? Was kann ich von diesem Baum lernen? Fehlt es mir an Ruhe und Kraft und wo kann ich diese finden?

Interessanterweise gibt es im Kung Fu eine Übung mit dem Namen: „Stehen wie ein Baum". Diese Übung klingt ganz einfach und ist doch eine der größten Herausforderungen, die uns ganz ins Hier und Jetzt führt.

Berg:

Der Aufstieg zum Gipfel ist oftmals mit großen Anstrengungen verbunden. Doch steht dieser für das Erklimmen spiritueller Höhen. Der Gipfel des Berges ist so etwas wie das Höhere Selbst, welches stets einen Überblick über Ihren Weg mit seinen Höhen und Tiefen hat. Erklimmen Sie einen Berg, dann wollen Sie sich mit dem Höchsten verbinden, aber auch einen Überblick erhalten, um Entscheidungen über Ihren weiteren (Lebens)Weg fällen zu können.

Fragen: Was können Sie von der Bergspitze aus erkennen? Ist die Aussicht klar oder herrscht Nebel? Ist die Landschaft eher wunderschön oder bedrohlich? Stehen Sie sicher oder haben Sie Angst, abzustürzen?

Boden:

Der Boden spiegelt Ihre reelle Ist-Situation wider.

Fragen: Stehe ich sicher oder ist der Boden uneben? Komme ich gut vorwärts oder stecke ich im Morast fest? Wankt der Boden unter meinen Füßen oder gibt er mir Halt? Übertragen Sie die Fragen und Antworten stets auf Ihre aktuelle Lebenssituation!

Brücke:

Eine Brücke schlagen, überbrücken und vieles mehr kann der Traum von einer Brücke andeuten. Gehen Sie im Traum über eine (sichere) Brücke, dann schließen Sie womöglich einen Kompromiss, überwinden eine Gefahr oder seelische Untiefen. Sie verlassen einen Standpunkt und sehen die Dinge von der anderen Seite aus.

Fragen: Ist die Brücke sicher? Wie fühle ich mich beim Überqueren der Brücke? Was erwartet mich auf der anderen Seite? Bin ich oft zu einseitig?

Dach:

Das Dach eines Hauses wird in der Traumdeutung häufig mit dem Kopf, dem Gehirn oder dem menschlichen Denken assoziiert.

Fragen: War das Dach defekt oder in einem guten Zustand? In welchen Zusammenhang habe ich vom Dach eines Hauses geträumt?

Doppelgänger:

Ob Sie selbst oder eine andere Person im Traum als Doppelgänger erscheinen: Versuchen Sie sich vorwiegend an die Farben der Kleidung, den Gesichtsausdruck und andere Details des Doppelgänger-Traumes zu erinnern. Neben der psychologischen Bedeutung als Schattenfigur kommt es auch in der Astral- und Traumwelt zu Doppelgänger-Figuren, die einfach wie ein Spiegel Ihre bekannten Eigenschaften widerspiegeln.

Fragen: Bin ich mir manchmal selbst fremd, sodass ich mich sozusagen von außen betrachte? Welche meiner

Eigenschaften projiziere ich nach außen, sodass ich sie in einer Figur von außen betrachten, aber nicht als zu mir gehörend empfinden kann?

Dunkelheit:

Ist es im Traum auffällig dunkel, beispielsweise in einer Höhle, dann geht es um das Ihnen Unbewusste, welches es zu erhellen, also zu erforschen gilt. Natürlich können Sie nicht alles Ihnen Unbewusste durchleuchten, aber Sie können jeden Tag ein wenig mehr Licht in Ihr Dunkel bringen.

Fragen: Wie kam es dazu, dass ich mich in der Dunkelheit befand? Habe ich mich trotz der Dunkelheit zurechtgefunden?

Engel:

Ein im Traum erscheinender Engel symbolisiert hohe Werte, der Wunsch nach spirituellen Erkenntnissen und eine Verbindung zum Höheren Selbst. Dieses erscheint im Traum oftmals als Arzt, Guru, weiser Mann oder weise Frau sowie eben als Engel.

Fragen: Hat der Engel etwas Bestimmtes gesagt oder getan? In welcher Traumsituation ist der Engel erschienen? Habe ich eine Botschaft empfangen?

Fallen:

Das Fallen aus großer Höhe ist meist mit einer Verlustangst verbunden, die finanzieller, gesellschaftlicher oder auch gesundheitlicher Natur sein kann. Sie kann auch als Warnung vor Leichtsinn und unbewussten Schritten aufgefasst werden.

Fragen: Wo habe ich Angst vor einem Absturz? Kann ich einen Absturz, ein Fallen verhindern, wenn ich bewusster lebe?

Farben:

Farben spiegeln im Traum die eigene, emotionale Färbung, aber auch körperliche Zustände wider.

Weiß: Weiß steht für hohe spirituelle Entwicklung, Erleuchtung und Vollkommenheit.

Gelb: Ein klares Gelb steht für ein klares Bewusstsein sowie ein strukturiertes und eher pragmatisches Denken.

Rot: Rot kann Konflikte, Entzündungen, Aggressionen, aber auch Lebensenergie und Lebenswillen aufzeigen.

Grün: Neunanfang und Wachstum werden durch die Farbe Grün symbolisiert.

Schwarz: Auch wenn Schwarz im Traum recht häufig als negativ und zerstörerisch gedeutet wird, so ist es in erster Linie doch einfach das Fehlen von Licht und damit fehlendes Bewusstsein, welches als Schwarz wahrgenommen wird.

Frage: Wirkte die jeweilige Farbe freundlich oder bedrohlich auf mich?

Fenster:

Wer durch ein Fenster schaut, beobachtet die Außenwelt von einem sicheren Ruhepol aus. Es geht um die Art der Wahrnehmung der Außenwelt.

Fragen: Ist das Fensterglas sauber, sodass ich die Dinge klar und deutlich wahrnehmen kann? Was sehe ich durch das Fenster und wie fühle ich mich dabei? Ist meine Wahrnehmung der Welt objektiv oder bin ich in meinen Projektionen gefangen?

Feuer:

Feuer kann wärmen, aber auch zerstören. Es ist ein lebenswichtiges, aber ebenso tödliches Element. Das Wie viel und Wofür – die goldene Mitte – entscheidet darüber, ob (das innere) Feuer hilfreich oder zerstörerisch ist.

Fragen: Um was für ein Feuer handelte es sich im Traum? Bin ich darin verbrannt? Gibt es etwas in meinem Leben, was ich ändern, was ich läutern sollte? Geht es womöglich um einen inneren Wandlungsprozess (Phönix aus der Asche)? Oder geht es vielleicht darum, meine eigenen Aggressionen bewusster wahrzunehmen?

Fliegen:

Wenn Sie im Traum plötzlich fliegen können, dann möchten Sie sich manchmal gern aus einer Situation davonstehlen, einmal auf andere ein wenig von oben herabsehen können und die Dinge nicht so genau wahrnehmen, wie Sie sind. Dies geschieht häufig, wenn man sich in einer Situation hilflos und unterlegen fühlt und kann als eine Art Kompensationsversuch gesehen werden.

Fragen: Fühle ich mich so bedrängt und hilflos, dass ich am liebsten „davonfliegen" möchte? Kann ich mich nur auf diese Art von anderen Menschen distanzieren und abheben, indem ich etwas ganz Besonderes (fliegen) kann, das andere nicht können?

Fluss:

Um diesen Traum deuten zu können, müssen Sie erst einmal wichtige Fragen für sich beantworten:

Habe ich den Fluss überquert oder hat er mich daran gehindert, auf die andere Seite zu kommen? War es ein wilder oder ein ruhiger (Lebens)Fluss? Bin ich im Fluss geschwommen und wenn ja, mit oder gegen die Strömung?

Fragen: Bin ich mit mir selbst im Fluss? Oder kämpfe ich gegen meine innere Richtung und Überzeugung an?

Frau:

Eine (meist) unbekannte Frau stellt die archetypisch weiblichen Eigenschaften eines Menschen dar. Nicht nur Männer träumen manchmal von ihrer Anima. Auch Frauen haben Frauen-Träume, in denen bestimmte Eigenschaften einer weiblichen Person herausragen: Große Mutter, Schwester, Seelenverwandte …

Es gilt, genau jene Eigenschaften in sich zu entdecken, zu bejahen und zu fördern.

Fragen: Welche besonderen Eigenschaften hatte diese Frau im Traum? Wie kann ich diese in mein Selbstbild integrieren und so aus ihrem Schattendasein befreien?

Fremder:

Siehe Frau, Mann und Doppelgänger. Es geht um die Projektionen eigener, unbewusster Seeleninhalte, die es in das Selbstbild zu integrieren gilt und besonders negativ behafteten Eigenschaften auch etwas Positives abzugewinnen.

Geburt:

Wenn Sie im Traum eine Geburt miterleben oder gar selbst geboren werden, ohne einen aktuellen Bezug zu Schwangerschaft und Geburt zu haben, dann geht es um die Entwicklung neuer Eigenschaften, Erkenntnisse und einen Neuanfang spiritueller, privater oder beruflicher Natur.

Fragen: Wo bahnt sich in meinem Leben ein Neuanfang an? Mit welcher Idee „gehe ich schwanger" und was will jetzt endlich von der bloßen Theorie in die Tat umgesetzt werden?

Gefangenschaft:

Die Gefangenschaft zeigt meist ein Gefühl der Ausweglosigkeit im wahren Leben auf - eine Situation, von der Sie nicht wissen, wie Sie diese ändern bzw. beenden können. Auch eine Depression kann sich im Traum von Gefangenschaft und verschlossenen Türen zeigen.

Fragen: Wo in meinem Leben sind mir die Hände gebunden, sodass ich keine Lösung, keinen Ausweg sehe? Wo bin ich auch gedanklich gefangen, sodass meine Gedanken ständig um ein und dasselbe Problem kreisen?

Haar:

Das Haar steht - ähnlich wie auch Zähne - für Kraft und Energie. Je nach Beschaffenheit des Traumhaares hat der Traum eine andere Bedeutung.

Fragen: Habe ich momentan ausreichend Energie, um mein Leben zu bewerkstelligen? Oder fühle ich mich in meiner Kraft beschnitten, energie und wehrlos?

Haus:

Ein Haus kann Ihre gesundheitliche Verfassung darstellen oder aber auch den Traum vom eigenen Haus symbolisieren. Das Hausinnere symbolisiert verschiedene Bereiche. So kann der Dachstuhl Ihre Gedanken und Ihre Mentalität darstellen, während der Keller einen deutlichen Bezug zum Unterbewusstsein aufzeigt. Treppen wiederum stellen Ihre persönliche Entwicklung dar. Wenn Sie in einem Aufzug feststecken, kann dies ein Hinweis auf Ihre jetzige Situation sein (siehe Gefangenschaft) oder aber auch die tatsächliche Angst vor dem Aufzugfahren widerspiegeln.

Fragen: War das Haus eher baufällig oder gepflegt? In welchem Teil des Hauses befand ich mich im Traum?

Held:

Ein Held steht für Ihre eigene unterdrückte, nicht gelebte Heldenhaftigkeit. Von Kindesbeinen an möchte jeder einmal ein Held sein. Auch hierbei kann es sich um einen Kompensationsversuch handeln, besonders, wenn Sie unter Minderwertigkeitsgefühlen leiden. Auch das Höhere Selbst erscheint manchmal in der Figur des Helden.

Fragen: Benötige ich einen Helden in meinem Leben? Warum wäre ich selbst gern ein Held und wie kann ich mir selbst mehr ein Held und Freund sein?

Hinabsteigen:

Wenn Sie im Traum einen Berg oder eine Leiter hinabsteigen, kann dies einen finanziellen, gesundheitlichen oder gesellschaftlichen Abstieg bedeuten. Aber auch ein Hinabsteigen in seelische Tiefen, um das Unbewusste zu erforschen, kann sich als Abstieg zeigen. Das dabei vorherrschende Gefühl zeigt, ob es sich um einen eher positiven oder negativen Abstieg handelt.

Fragen: Wo im Leben habe ich das Gefühl des Abstiegs? Oder komme ich meinen innerseelischen Tiefen gerade näher?

Höhle:

Die große Frage lautet: Was assoziieren Sie mit einer Höhle? Ist sie ein schützender Zufluchtsort, ein Zuhause - ein wenig wie der Mutterleib aus der Embryonalzeit? Eine Höhle kann aber auch das Unbewusste darstellen, in dem es womöglich einen Schatz zu entdecken gilt. Eine Höhle im Traum hat eher mit der Vergangenheit zu tun, die Höhle selbst ist wie das Gedächtnis, das alles enthält, auch wenn es uns bewusst nicht einfallen will.

Fragen: Beschäftige ich mich gerade mit meiner Herkunft und betreibe eine Art Ahnenforschung? Vermute ich ein Geheimnis und grabe daher in meinem Unterbewusstsein, da ich davon überzeugt bin, hier die Antworten auf meine Fragen zu finden?

Hund:

Erinnern Sie sich? Alles im Traum steht in Bezug zu Ihnen und Ihrem Leben. Auch ein Hund bedeutet für jeden etwas anderes: Während der eine im Hund vielleicht eine Gefahr sieht, da er schon einmal gebissen wurde, bedeutet er für den Hundehalter einen Freund fürs Leben, der stets an seiner Seite ist.

Ein Hund, der erst freundlich erscheint und dann plötzlich die Zähne fletscht, bedeutet womöglich eine zwischenmenschliche Enttäuschung und Streit mit einem Freund. Horchen Sie in sich hinein und stellen Sie sich folgende Fragen:

Welche Gefühle verbinde ich mit einem Hund? War die Traumszene mit dem Hund emotional eher positiv oder negativ geladen?

Kapitän:

Ein Kapitän steuert ein Schiff. Es ist Ihr Lebensschiff, welches hier durch stürmische und ruhige Gewässer gesteuert wird. Sind Sie im Traum der Kapitän oder eine Ihnen unbekannte Person? Nicht immer haben wir die Kontrolle über unseren Lebensweg und oftmals laufen viele Dinge fast automatisch, also unbewusst. Nicht selten hat auch unser Höheres Selbst die Hand am Steuer, damit wir auf hoher See nicht untergehen.

Fragen: War die See stürmisch oder befand ich mich im Traum in ruhigen Gewässern? Hatte der Kapitän das Schiff unter Kontrolle?

Kind:

Ein Kind kann neue Ideen, Kreativität und Einfallsreichtum aufzeigen. Aber auch infantiles Verhalten kann sich in einem Traum mit Kind offenbaren. Meist geht es um eine Entwicklungsstufe, die nun abgeschlossen und verlassen werden kann. Träumen Eltern von einem Kind, kann der Traum jedoch auch eine konkretere Bedeutung haben.

Fragen: Welche Verbindung habe ich zu Kindern allgemein? Wo kann ich mehr Kind, wo sollte ich mehr erwachsen sein?

Mann:

Ein fremder Mann in Frauen- und Männerträumen zeigt überwiegend unbewusste, dem Männlichen zugeordnete Eigenschaften auf. Selbstbewusstsein, Aggressivität, Stärke und strukturiertes Denken sehen viele Menschen als typisch männlich an. Ob negative oder positive Deutung, hängt ganz von Ihrer individuellen Interpretation ab und von dieser können Sie schon zahlreiche Deutungen für sich ableiten. Negative Gefühle diesem Mann gegenüber zeigen, dass es sich um die Verdichtung einer Schattenfigur handelt.

Fragen: Sah ich in dem Mann eher eine Gefahr oder einen Helfer? Welche dieser Eigenschaften könnten mir in meinem Leben weiterhelfen?

Meer:

Das Meer hat eine sehr vielschichtige Bedeutung. Vor allem aber steht es für die endlose Weite der Seele, für das Leben mit seinen Tiefen und Untiefen. Manchmal schlagen hohe Wellen empor und stellen eine Bedrohung für Ihr Leben oder Ihren Lebensweg dar. Ein anderes Mal lädt das klare Wasser zum Genießen ein. So hat jeder Traum vom Meer auch eine zeitlich-qualitative Komponente, das Wort Gezeiten zeigt es ebenfalls: Ebbe und Flut - beides gehört zum Meer wie auch zum Leben.

Fragen: Welchen Bezug habe ich zum Meer? War das Meer in meinem Traum eher ruhig und hat mich sicher getragen oder gab es kleine und große Turbulenzen?

Dies können Sie auf Ihre aktuelle Lebenssituation, aber auch auf Ihre momentane seelische Verfassung übertragen.

Mutter:

Natürlich kann dieser Traum auch Ihr Verhältnis zur eigenen Mutter widerspiegeln. Aber Ihre eigenen mütterlichen Gefühle und Eigenschaften können ebenso in einer Mutterfigur dargestellt und erkannt werden. Auch kann der Wunsch nach mütterlichem Trost und Mutterliebe sich einem solchen Traum zeigen.

Fragen: Wie ist das Verhältnis zu meiner Mutter? Wie kann ich meine eigenen, mütterlichen Qualitäten (auch als Mann) besser in mein Leben integrieren? Wo wäre ich gern selbst noch einmal ein bemuttertes Kind, das nicht erwachsen werden möchte?

Nacht:

Die Nacht steht ebenso wie die Dunkelheit allgemein für das Fehlen von Licht, also Bewusstsein. Dieses gilt es zu erlangen. Menschen, die sich in Meditation und/oder im luziden Träumen üben, sind sich nicht nur am Tage vieler Dinge bewusster als die meisten anderen Menschen. Sie sind sich oftmals auch im Traum darüber bewusst, dass Sie träumen und können den Traum sogar lenken. Während die Nacht und Dunkelheit also mit fehlendem Bewusstsein assoziiert wird, stehen Helligkeit und Klarheit für das Bewusstsein, weshalb luzide Träume auch als „Klarträume" bezeichnet werden.

Fragen: Lebe ich momentan unbewusst vor mich hin? Bin ich mir meiner selbst oftmals nicht bewusst?

Nebel:

Ähnlich wie die Nacht ist auch der Nebel undurchsichtig und erschwert das Weiterkommen „auf lange Sicht".

Hier hat Neptun seine Finger, vielmehr seine Fische, im Spiel. Er ist bekannt für seine Nebeltaktiken, seine Verwirrungen, Träumereien, aber auch das „Nichtsehenwollen", das Zurückziehen in den Nebel der Unbewusstheit. Wer vernebelt durchs Leben geht, hat oftmals auch Konzentrationsprobleme und kann nicht klar denken.

Fragen: Ist mein Denken klar oder mangelt es mir im Denken an Struktur und Bewusstheit? Drifte ich in unbewusste Gefilde ab, um mich dem wahren Leben nicht stellen zu müssen?

Ohren:

Träume über Ohren deuten eher selten auf tatsächliche Probleme mit diesem Sinnesorgan hin.

Das Ohr besitzt vielmehr einen großartigen Symbolcharakter. Probleme mit den Ohren können sowohl körperliche als auch geistig-seelische Gleichgewichtsprobleme aufzeigen. Nicht selten zeigen sie jedoch an, dass der Träumende nicht hören will. Natürlich kommt es auch hier wieder auf die jeweiligen Begleitumstände im Traum an. Manchmal ist es ja auch besser, auf sich selbst zu hören. Hören Sie einmal in sich hinein, dann werden Sie vermutlich einige Antworten finden, die Ihnen Augen und Ohren öffnen können.

Fragen: Auf wen oder was soll oder will ich nicht hören? Nehme ich denn meine leise, innere Stimme wahr? Höre ich zu viel auf andere und zu wenig auf mich selbst oder bin ich so sehr von mir selbst eingenommen, dass ich gar nicht mehr höre, was andere sagen?

Pegasus:

Pegasus – das geflügelte Pferd – zeigt Ihnen, dass Sie Ihrer Seele und Ihrem Denken Flügel verleihen sollten und können. Womöglich trauen Sie sich oftmals nicht, Ihrer Fantasie (Pegasus) freien Lauf zu lassen. Doch Ihre Kreativität benötigt Freiraum, auch Ihre Höhenflüge finden in der geistig-seelischen Höhe statt. Dort finden Sie freien Raum, sodass Sie beflügelt Ihr Leben leben und Ihren Weg gehen - respektive fliegen - können.

Fragen: Fühle ich mich im Alltag oftmals eingeengt und in meiner Freiheit beschnitten? Gibt es in meinem Leben genügend Freiraum für Kreativität und Fantasie?

Personen (Fremde):

Fremde Personen im Traum stellen meist eigene, unbewusste und damit fremde Persönlichkeitsanteile dar. Wie im wahren Leben projizieren wir auch im Traum eigene Eigenschaften nach außen, wo sie für uns sichtbar werden. Wenn Sie also von Heiligen, Sündern oder wütenden, neugierigen, aufdringlichen oder traurigen Frauen und Männern träumen, dann wird es Zeit, genau diese Aspekte und Schattenseiten auch einmal bei sich selbst wahrzunehmen.

Fragen: Welche meiner verborgenen Eigenschaften kenne ich bislang noch nicht? Bin ich mir selbst manchmal so fremd, dass ich mich nicht kenne? Warum will ich nicht akzeptieren, dass auch ich diese Aspekte in mir trage und sie ein Teil von mir sind?

Pfad, Weg:

Sehen Sie es als Gnade an, wenn Sie im Traum einen schmalen Pfad oder einen breiteren Weg vor sich sehen. Gerade, wenn Sie in einer Krise stecken, kann so ein Traum wie ein Geschenk aus höheren Welten erscheinen. Denn ein Pfad ist wie das Licht am Ende eines Tunnels. Natürlich stellt auch ein Pfad nicht immer eine einfache Lösung dar. Ist er sehr schmal, sollten Sie also jeden Schritt gut überlegen. Sind Hindernisse im Weg, gilt es, sie aus dem Weg zu räumen. Dennoch: Ein Pfad im Traum zeigt Ihnen, dass es weitergeht - ganz nach dem Motto: Immer, wenn du denkst, es geht nicht mehr …

Fragen: Führt der Weg durch oder in eine schöne Landschaft? Weiß ich denn, wohin dieser Weg mich führt? Ist es Tag oder Nacht im Traum? Wie fühlt es sich an, diesen Pfad zu sehen oder auf ihm zu gehen?

Pferd:

Für einen Pferdefreund hat ein Pferd im Traum natürlich eher eine konkrete Bedeutung, besonders, wenn es sich um ein bestimmtes, dem Träumenden bekanntes Pferd handelt. Falls Sie jedoch im Allgemeinen keinen Bezug zu Pferden haben, sollten Sie sich in Erinnerung rufen, in welchem Zusammenhang das Pferd im Traum auftrat. Auch die Größe, der Gesundheitszustand und vor allem die Farbe des Pferdes können wichtige Aufschlüsse über die Bedeutung des Pferdes geben.

Das Pferd kann eine sexuelle Komponente haben oder auch einfach auf Ihren momentanen Gesundheitszustand hinweisen. Der Wunsch nach mehr Freiheit und Abenteuern, nach einem Ausbruch aus dem Alltag und mehr Schwung in Ihrem Leben kann sich ebenfalls durch einen solchen Traum ausdrücken.

Fragen: Bin ich dieses Pferd geritten oder habe ich es nur gesehen? War es ein eher wildes oder sehr ruhiges Pferd? Woran muss ich als Erstes denken, wenn ich ein Pferd sehe? Welche Eigenschaften verbinde ich mit Pferden?

Rabe, schwarzer Vogel:

Die meisten Menschen verbinden mit einem Raben eher Negatives wie Unglück, Diebstahl, Krankheit und Tod. Dabei sind sie liebenswerte, intelligente Tiere, die niemandem etwas zuleide tun. Dennoch haftet durch den mittelalterlichen Aberglauben der Farbe Schwarz gerade bei Tieren oft etwas Bedrohliches an. Man denke nur an schwarze Kater...

Wenn Sie ein ausgesprochener Tierliebhaber sind, hat der Rabe daher eine andere Bedeutung für Sie, als wenn Sie Raben nur aus Büchern und dem Fernsehen kennen. Auch die Gedanken werden manchmal als Vögel dargestellt. Sind Ihre Gedanken eher düster, ohne dass Sie das bewusst wahrnehmen?

Fragen: Was fühle ich, wenn ich einen Raben sehe? Ist der Rabe in meinen Augen ein Unglücksvogel bzw. ein Unglücksbote, der eine Bedrohung oder einen zeitnahen Verlust ankündigt? Oder fühle ich mich manchmal vom Pech (schwarzer Vogel) verfolgt? Bin ich ein Pessimist, dem es an Hoffnung und positiver Energie fehlt?

Rad:

Träumen Sie von einem sich drehenden Rad, dann könnte es sein, dass Sie sich unbewusst wie in einem Hamsterrad gefangen fühlen, aus dem Sie gerne fliehen möchten, aber nicht können. Auch das Rad der Wiedergeburt dreht sich unaufhörlich und Sie sich mit ihm. Der Kreislauf aus Geburt, Tod und Wiedergeburt scheint endlos zu sein und zeigt die Bewegung in der Stille und die Ewigkeit hinter der Zeit auf. Ein Rad kann aber auch ein Aufruf sein, sich umzudrehen und die Dinge einmal aus einem anderen Blickwinkel heraus zu betrachten. Jeder Punkt des Rades ist einmal oben und im nächsten Augenblick unten. Alles dreht sich, damit wir die scheinbare Polarität (oben wie unten, reich und arm, Trauer und Freude, Tag und Nacht) nacheinander betrachten und erfahren können. Das Rad selbst ist rund, so wie die letzte Wahrheit, in der es keine Polaritäten gibt, da alles zugleich da und in Wirklichkeit Eins ist. Doch unser Bewusstsein kann die Dinge nur nacheinander wahrnehmen und teilt die Welt in Gut und Böse, schön und hässlich, richtig und falsch ein.

Fragen: Denke ich zu einseitig und blende eine Seite im Leben stets unbewusst aus? Fällt es mir schwer, ganzheitlich zu denken und zu handeln? Kann ich mich in andere Menschen hineinversetzen oder sehe ich immer nur meine eigene Seite, meinen Standpunkt? Wo fühle ich mich rund? Kann ich dem Leben noch etwas abgewinnen oder fehlt mir der rechte Schwung?

Regenbogen:

Auch der Regenbogen hat etwas mit der Ganzheit zu tun. Denn er offenbart die 7 Farben, die im Sonnenlicht enthalten sind und als weiß oder Tageslicht wahrgenommen werden. Ohne das vollständige Farbspektrum aus 7 Farben gäbe es kein weißes Licht, denn dieses besteht aus den 7 Spektralfarben, die im Regenbogen sichtbar werden. Die Zahl 7 ist also eine ganz besonders Zahl, denn sie zeigt einen vollendeten, vollkommenen Zyklus an. So hat eine Woche 7 Tage - gäbe es die 7 Tage nicht, so gäbe es die Woche in der uns bekannten und geschätzten Form nicht. Auch ist oft vom 7. Himmel die Rede, wenn das höchste Glück erreicht wird. In der Astrologie gibt es die 7 Hauptplaneten respektive Urprinzipien oder Urenergien, denen wiederum ebenso die 7 Spektralfarben zugeordnet werden. Der Regenbogen steht also auch für die Vollkommenheit, die sich in Ihre einzelnen Urprinzipien aufteilt, um wahrgenommen werden zu können. Ohne diese Farben kein Licht - und ohne Licht keine Farben. Sollten Sie im Traum einen Regenbogen sehen, ist dies also ein Zeichen dafür, dass etwas vollendet ist, dass etwas in Ihrem Leben gut so ist, wie es gerade ist. Das höchste, vollkommene Licht ist bei Ihnen und offenbart sich Ihnen als Regenbogen, als Zeichen dafür, dass nun ein neuer Zeitabschnitt, ein neuer Zyklus beginnen darf.

Hier gibt es keine Fragen mehr. Bedanken Sie sich beim Universum und dem Allerhöchsten, welches Ihnen diesen wunderschönen Traum beschert hat. Denn alle Antworten sind bereits in diesem Regenbogen mit seinen 7 wunderschönen Farben enthalten.

Reise:

Wer im Traum eine Reise unternimmt, stellt hier unbewusst seine eigene Lebensreise dar. Da gibt es abwechselnd Sonnenschein und Unwetter, Berge und Täler, klare Sicht und Nebel. Nicht immer verläuft eine (Lebens)Reise harmonisch und nicht immer führt sie an das einst gesteckte Ziel. Nicht umsonst heißt ein Spruch aus dem Zen-Buddhismus: „Der Weg ist das Ziel!"

Fragen: Wie ist der Weg im Traum beschaffen? Komme ich gut voran oder muss ich viele Hindernisse überwinden? Habe ich den schwierigsten Teil meiner Reise schon hinter mir oder steht er mir noch bevor? Habe ich Reisegefährten oder reise ich allein? Ist womöglich ein mir unbekannter Freund an meiner Seite? Ist da jemand, der mich stets begleitet, wohin ich auch gehe? Dies muss nicht unbedingt ein Ihnen bekannter Mensch sein. Meist handelt es sich dabei um einen Seelenbegleiter, vielleicht um Ihren Schutzengel oder auch Ihr Höheres Selbst, in welchem alle Ihre Seelenanteile harmonisch vereint sind.

Fragen: Wie sieht die Landschaft aus, durch die meine Reise geht? Hat mein Begleiter mir etwas bezüglich meiner Reise gesagt, was ich nach dem Erwachen mit in den Alltag und mir zu Herzen nehmen sollte?

Schatten:

Der Schatten steht vorwiegend für das Unbekannte und Unbewusste, was (noch) kein eigenes Gesicht, keine Konturen und keine Struktur hat. Hier will etwas Teil des Lichtes werden, Aufmerksamkeit erregen und von Ihnen erkannt werden. Oftmals handelt es sich dabei um eigene Schattenanteile, unbekannte, unterdrückte Wesenszüge oder auch verdrängte Ereignisse aus der Vergangenheit, die der Aufarbeitung bedürfen. Dies gilt besonders, wenn der Schatten hinter Ihnen liegt und Sie sozusagen verfolgt. Liegt der Schatten vor Ihnen, laufen Sie also im Schatten, dann ist die „Schattenarbeit" umso wichtiger, damit Sie den Weg, der vor Ihnen liegt, klarsehen können und dieser nicht von irgendwelchen Ereignissen oder Gefühlen „überschattet" wird.

Je kleiner Ihr Ich-Bewusstsein ist, desto größer ist Ihr Schatten. Denn alles, was Sie nicht bewusst in Ihr Selbstbild integrieren, fehlt Ihnen zu Ihrer wahren Größe und lässt daher Ihren Schatten wachsen. Stellen Sie sich einen

Kreis vor: Das sind Sie und Ihr Schatten. Teilen Sie nun den Kreis an einer beliebigen Stelle. Der eine Teil ist Ihr Ich, der andere Teil Ihr Schatten. Hier sehen Sie das Verhältnis zwischen Schatten und Ich ganz deutlich. Natürlich wird das Unbewusste immer ungleich größer sein als Ihr bewusstes Ich. Daher ist es Ihre Lebensaufgabe, jeden Moment ein wenig mehr Licht in den persönlichen Schatten zu bringen. Mitunter verbergen sich auch positive Anteile darin.

Sie fühlen sich oft minderwertig und klein? Dann liegen Ihr Selbstbewusstsein und Ihre Größe im Schatten und warten darauf, von Ihnen ans Licht geholt zu werden.

Fragen: Was macht mir solche Angst oder ist mir so unangenehm, dass ich es nicht sehen möchte? Welches Thema liegt bei mir im Schatten und lässt mich daher nicht los, bis ich es geklärt (durchleuchtet) habe?

Schiff:

Eine Schiffsreise steht ebenso wie die Reise allgemein für Ihre Lebensreise. Versuchen Sie sich zu erinnern, ob die See stürmisch oder ruhig war und vergleichen Sie dies mit Ihrer jetzigen Lebenssituation und Ihren Gefühlen. Nicht umsonst stehen sich das Meer und die Gefühle symbolisch sehr nahe. So wie Ihre Tränen Salz enthalten, enthält auch das Meer viel Salz – welches auch in der Homöopathie (im Mittel Natrium chloratum) primär mit festgefrorenen Gefühlen zu tun hat, die gelöst und damit erlöst sein wollen. Nicht immer ist es unser bewusstes Ich, welches das Schiff als Kapitän durch stürmische Gewässer lenkt. Und ein Schiffbruch im Traum heißt auch nicht unbedingt, dass Sie im wahren Leben Schiffbruch erleiden werden. Er bedeutet eher, dass Sie Angst haben, unterzugehen und befürchten, Ihren Aufgaben nicht gewachsen zu sein oder die Kontrolle über Ihre Gefühle oder Ihre Lebenssituation zu verlieren. Lernen Sie, sich selbst und dem Auf und Ab des Lebens zu vertrauen. Lernen Sie, auf den Wellen des Lebens zu reiten, dann wird Ihr Lebensschiff auch bei Wind und Wetter nicht untergehen.

Fragen: Kann ich die Schifffahrt (mein Leben) genießen und darauf vertrauen, heil anzukommen, auch wenn ich mich nicht (immer) als Kapitän wahrnehme? Weiß ich, wohin die Reise geht, oder kann ich mich auch einmal überraschen lassen? Habe ich vertrauen ins Leben und darauf, dass sich auch meine Gefühlswelt nach einem Gefühlssturm wieder beruhigen kann?

Schlamm:

Muss der Träumende durch Schlamm waten, hat er im Alltag das Gefühl, nicht richtig vorwärtszukommen. Im Schlamm stecken zu bleiben, bedeutet, dass es an Klarheit im Leben mangelt. Dieses „undurchsichtige" Element, in welchem der Träumende feststeckt, spiegelt häufig eine ähnliche Lebenssituation wider.

Mitunter können jedoch „schwere Beine" aufgrund schlechter Durchblutung ebenfalls einen solchen Traum hervorrufen; dies gilt es natürlich zu unterscheiden.

Fragen: In welchem Lebensbereich komme ich nur schleppend voran? Was zieht mich im Alltag immer wieder herunter? Wie finde ich wieder zu mehr Leichtigkeit? Was gilt es, aufzuklären, damit es mich nicht mehr so belastet?

Schlangen:

Wer sich von unten nach oben emporarbeitet - ob beruflich, gesundheitlich oder auch spirituell - der spürt die Schlangenkraft (Kundalini) in sich. Schlangen stehen vorrangig für die geistig-seelische Entwicklung und für das Emporklettern über unbewusste Gefilde. Bei vielen Urvölkern hat die Schlange daher einen heiligen Symbolcharakter. Wer im Traum von einer Schlange gebissen wird, der ist von der Weisheit gebissen. Das Gift ist in Wahrheit der Heilsbringer. Auch der Äskulapstab ist von einer Schlange umwunden und gilt als Attribut des Asklepios, des Gottes der Heilkunde. Das griechische Wort „Pharmakon" heißt ebenso Gift und zugleich Medizin. Auch die Homöopathie weiß um den heilsträchtigen Charakter vieler Gifte und Substanzen, die in potenzierter Form jedoch Ihre wahre Heilkraft offenbaren. Hier wird abermals die Polarität (Licht und Schatten, Bewusstes und Unbewusstes usw.) deutlich. Die Schlange steht also für die Weisheit, die Einheit hinter jeder Polarität erkennen zu können und damit auch für die Arbeit am eigenen Schatten (dem eigenen Heil).

Fragen: Welches ist mein nächster Entwicklungsschritt auf dem Weg nach oben? Bin ich in der Lage, die Wahrheit hinter den Dingen zu sehen, ohne die Welt jedes Mal in „Gut und Böse" einteilen zu müssen?

Schlüssel:

Ein Schlüssel eröffnet Ihnen den Zugang zu neuen (Innen) Räumen. Sie können aber damit auch Türen hinter sich schließen. Was haben Sie im Traum mit dem Schlüssel gemacht? Erkennen Sie hier ebenso die Polarität, die sich im „Öffnen und/oder Schließen" verbirgt? Es liegt an Ihnen, welche Tür Sie öffnen und welche Sie lieber verschlossen halten. Verschlossenheit ist jedoch nicht nur negativ zu bewerten. Manchmal ist es sinnvoll, eine Tür zu verschließen, damit Einbrecher keinen leichten Zugang finden. Stellen Sie sich vor, Sie selbst seien das Haus, zu dem der Schlüssel gehört. Kennen Sie alle Zimmer des Hauses? Oder halten Sie einige Türen selbst verschlossen, aus Angst, dass sich dahinter etwas Schreckliches verbergen könnte? Oder verbergen Sie vielleicht ein Geheimnis hinter einer Ihrer Türen?

Fragen: Welche Tür in meinem Leben möchte ich offenhalten? Wen oder was möchte ich nicht (mehr) in mein Leben lassen? Bin ich mir selbst gegenüber stets offen?

Übrigens: Wenn der Schlüssel verschwunden ist oder Sie den falschen Schlüssel haben, dann gilt es, neue Wege zu finden, Ihre Innenwelt aufzusuchen und Ihrer inneren Weisheit zu begegnen.

Spiegel:

Der Spiegel dient dazu, sich selbst zu erkennen - wobei hier nicht das optische Erscheinungsbild gemeint ist. Es sind die Ihnen unbekannten Wesenszüge, die Sie durch die Außenwelt als Spiegel wahrnehmen können. Meist dienen uns unsere Mitmenschen als Spiegel, wenn wir es auch nicht immer erkennen können. Hinzu kommt, dass unsere Wahrnehmung selten objektiv, sondern teilweise recht verzerrt ist. Kindheitserfahrungen, Erziehung und nicht verarbeitete Traumata prägen unsere Art, wie wir die Welt, unsere Mitmenschen und auch uns selbst wahrnehmen. Unser Blick in Gegenwart und Zukunft ist also durch unsere Vergangenheit geprägt. Wer sich selbst beobachtet und analysiert (Blick in den Spiegel), der kann die Art seiner Verblendung erkennen und den inneren Spiegel Stück für Stück reinigen und so eine immer klarere Erkenntnis der Wirklichkeit und seiner selbst erlangen.

Fragen: Habe ich mich im Spiegel erkannt? War der Spiegel (die Wahrnehmung) klar und sauber oder konnte ich mich nur wie durch einen Schleier wahrnehmen?

Stein:

Ein Stein steht in erster Linie für Unvergänglichkeit, Festigkeit und feste Struktur. Doch gibt es auch Heil- und Edelsteine. Hierbei spielt besonders die Farbe des Steins eine Rolle.

Wenn Sie träumen, ein schwerer Stein läge auf Ihrer Brust, dann kann dies ein Hinweis auf eine Herzerkrankung sein, die Sie untersuchen lassen sollten. Ebenso gilt dies, falls Ihnen im Traum ein Stein auf den Kopf fallen sollte, was oftmals als Warnung vor einem Schlaganfall gesehen wird.

Ansonsten hat ein Stein im Traum eher eine positive Bedeutung - man denke nur an den Begriff „steinreich".

Fragen: Fühle ich mich geerdet und strukturiert oder fehlt es mir an Festigkeit? Oder bin ich sogar manchmal wie versteinert und unflexibel? Inwiefern haben der Stein und ich Gemeinsamkeiten, die ich noch nicht entdeckt habe (Edelsteine sind oftmals in unterirdischen Höhlen verborgen)?

Tod:

Der Traumtod bedeutet das Ende einer Zeit und den Beginn von etwas Neuem. Ähnlich wie bei einem Computerspiel, in dem man das alte Level erst erfolgreich abschließen muss, um ins nächste Level zu kommen, handelt es sich auch hier nicht um den tatsächlichen Tod. Es können Verhaltensweisen, die es abzulegen gilt, gemeint sein. Aber auch Beziehungen, Ängste oder bestimmte Situationen, aus denen man herauswachsen möchte, können sich im Traum als Tod äußern.

Fragen: Was möchte ich hinter mich lassen? In welchem meiner Lebensbereiche ist eine Änderung, ein Abschluss nötig?

Tunnel:

Der Tunnel ist ein bekanntes Symbol für die Nahtoderfahrung. Immer wieder berichten Menschen, die bereits klinisch tot waren, von einem Tunnel, an dessen Ende sie von wohlwollenden Wesen oder geliebten Verstorbenen liebevoll empfangen wurden. Dies erinnert gleichzeitig an die Geburt.

Auch hier muss der Mensch durch einen engen Tunnel, den Geburtskanal, an dessen Ende er von liebenden Menschen empfangen wird. Sind Tod und Geburt am Ende ein und derselbe Vorgang?

Vielleicht machen Sie gerade eine herausfordernde Zeit durch und fühlen sich wie in einem engen Tunnel? Oder fühlen Sie sich eingeengt und benötigen mehr Freiraum?

Sollte das beengende, beklemmende Gefühl auch nach dem Traum anhalten, könnte eine Herz-Kreislauf-Erkrankung dahinterstecken.

Fragen: Denke ich in letzter Zeit öfter über Geburt und Tod nach? Mache ich gerade eine schwere Zeit durch, an deren Ende hoffentlich alles wieder gut wird? Muss ich da durch oder kann ich mich vorher freikämpfen und finde einen anderen, leichteren Weg zum Ziel?

Überschwemmung, Wasserrohrbruch:

Sollten Sie selbst noch keine echte Überschwemmung erlebt haben – das dürfte wohl für die meisten Menschen gelten – dann sind es Ihre Gefühle, die Sie überschwemmen und die Sie wie Wellen zu überrollen drohen. Überlegen Sie sich, wie Sie die inneren Wogen wieder glätten können. Vielleicht können Sie Ihre Gefühle auch kanalisieren und in eine bestimmte Richtung lenken? Unterdrücken können Sie sie jedenfalls nicht. Auch einen Fluss, der über die Ufer tritt, kann man nicht unterdrücken. Aber man kann ihm dort Raum lassen, sich auszubreiten, wo er keinen Schaden anrichten kann.

Fragen: Welche Gefühle übermannen mich gerade? Was will da gerade durchbrechen? Wo und wie kann ich meinen Gefühlen regelmäßig freien Lauf lassen, damit es erst gar nicht zu dieser Überschwemmung kommt?

Verkleinerung oder Vergrößerung:

Sehen oder fühlen Sie sich selbst im Traum kleiner oder größer als gewohnt, so sagt dies etwas über Ihr Selbstbewusstsein aus. Nehmen Sie eine andere, Ihnen bekannte Person kleiner wahr, dann schauen Sie auf diese Person herab und sie hat in Ihren Augen an Größe verloren. Ist die Person plötzlich größer, verhält es sich entsprechend umgekehrt.

Fragen: Wer oder was ist kleiner oder größer geworden, hat an Gewicht verloren oder gewonnen (gewichtig)? Ist jemand übergewichtig, messe ich ihm zu viel Bedeutung zu? Oder kümmere ich mich um jemanden zu wenig, da ich ihn übersehe?

Zahlen:

Alle Zahlen haben einen vielschichtigen Symbolcharakter - im Traum wie in der Numerologie, der Kabbala, der Astrologie und anderen esoterischen Erkenntnissystemen. Vor allem die Zahlen 1 bis 8 kommen immer wieder in Träumen vor:

1. Die Zahl Eins steht für Unteilbarkeit, Einigkeit, Einheit und das Allerhöchste. Sie symbolisiert ebenso die Sonne, das Feuer, aktives Handeln, das Männliche und den Uranfang allen Lebens.
2. Die Zahl Zwei zeigt die Polarität (männlich - weiblich, kalt - warm) an, ist dennoch dem Weiblichen zugeordnet, wird mit dem Wasser-Element assoziiert und ist damit eher passiv und formbar (Wasser passt sich allen Formen an).
3. Die Zahl Drei ist dem Luft-Element zugeordnet und kommt meist in doppelter Form vor: Zwei Nasenlöcher, zwei Lungenflügel, das Luft-Sternzeichen Zwilling, das Luft-Sternzeichen Waage mit den zwei Waagschalen usw. Luftigkeit, Leichtigkeit und die Vereinigung der Gegensätze, aus denen neues Leben hervorgeht, sind typisch für die Zahl Drei.

4. Vier symbolisiert oftmals die Zeit und die Materie. Doch auch ein Haus (die eigenen vier Wände) sind mit dieser Zahl verknüpft. Das Wort Materie kommt von Mater, der Mutter, womit die Vier ebenfalls in Verbindung steht. So ist das 4. Sternzeichen der Krebs, welchem man eine ausgesprochen mütterliche Emotionalität nachsagt.
5. Die Zahl Fünf wird vornehmlich als Mitte, als Kind und als inneres Lebensfeuer (Herz) empfunden. Sie liegt in der Mitte der Zahl 10, die wiederum für die Zahl 1 auf einer anderen Ebene steht.
6. Die Sechs kommt in der Natur recht häufig in bestimmten Formen (beispielsweise als Kristall, Bienenwabe usw.) vor. Sie hat also einen Bezug zur Natur, zum Körperlichen (etwa als Sex) und damit auch zur Erde.
7. Sieben ist eine besondere Zahl, die für den Abschluss eines vollkommenen Zyklus steht. Denken Sie nur an die 7 Farben des Regenbogens, die 7 Tage der Woche und die körperliche Erneuerung respektive Weiterentwicklung, die alle 7 Jahre stattfindet (Schulbeginn mit 7 Jahren, Eintritt in die Pubertät mit 14 Jahren, frühere Volljährigkeit mit 21 Jahren usw.)
8. Mit der Zahl Acht beginnt dann auch ein neuer Zyklus, der achtsam begonnen sein will. Tod und Wiedergeburt sind also ebenfalls Tribute dieser Zahl, die in liegender Form die Unendlichkeit symbolisiert.

Traumerinnerung – wie erinnere ich mich an meine Träume?

Die wenigsten Menschen können sich morgens nach dem Aufwachen noch an Ihre Träume erinnern. Doch wie kommt das und gibt es Möglichkeiten, zu lernen, sich Träume auch noch lange nach dem Erwachen in Erinnerung zu rufen?

Ja, die gibt es und auch hier macht Übung den wahren Meister.

In der Traumforschung wird vermutet, dass jeder Mensch pro Nacht bis zu 8 Mal träumt, auch wenn er sich hinterher an keinen einzigen Traum mehr erinnern kann oder gar meint, überhaupt nicht geträumt zu haben. Um sich mit der Zeit insbesondere an aussagekräftige Träume erinnern zu können, stehen Ihnen folgende Übungen und Methoden zur Verfügung:

Die Kraft der Intention nutzen

Machen Sie sich bewusst, dass es Ihr Unterbewusstsein ist, welches darüber entscheidet, ob und an welche Träume Sie sich nachträglich erinnern können. Ein nur die Oberfläche des Bewusstseins kitzelndes Interesse wird die Hilfe Ihres Unterbewusstseins wohl kaum auf den Plan rufen. Wenn Sie dem Unterbewusstsein jedoch eine gewisse emotionale Notwendigkeit vermitteln können, Ihr Wunsch, sich an Träume erinnern zu können, also so stark ist, dass er bis zu Ihrem Unterbewusstsein durchdringt, dann steht Ihnen dieses hilfreich zur Seite und Ihrer Traumerinnerung damit bald nichts mehr im Wege. Doch wie erreichen Sie Ihr Unterbewusstsein? Ganz einfach: Wenn Sie sich mehrmals am Tag, am besten gleich nach dem Erwachen und kurz vor dem Einschlafen, gedanklich intensiv mit dem Thema „Traumerinnerung" auseinandersetzen, sickert dies Stück für Stück ein wenig tiefer, bis es die Schichten unterhalb Ihres Bewusstseins erreicht hat. Sie müssen dem Thema „Träume" also eine gewisse Aufmerksamkeit schenken und Ihrem Unterbewusstsein so zeigen, dass die Erinnerung an Ihre Träume für Sie von Bedeutung ist. Wichtig ist, dass Sie das Thema „Traumerinnerung" zwischendurch auch regelmäßig loslassen, um es sich dann erneut ins Bewusstsein zu holen. Beides ist wichtig: das Fokussieren und das Loslassen. Denn mit der Kraft der Intention zu arbeiten, ist ein dynamischer Prozess, der in Etappen verläuft. So wie eine Batterie einen Minus- und einen Pluspol hat, gehören auch Konzentration und Loslassen zusammen, damit der Prozess in Gang gesetzt wird. Doch dann kann es recht schnell gehen und Sie werden erstaunt feststellen, dass Sie sich das erste Mal direkt nach dem Aufwachen an einen Traum erinnern können.

Die Aufwachphase zur Traumerinnerung nutzen

Unmittelbar vor dem Einschlafen und innerhalb der ersten 5 Minuten nach dem Aufwachen haben Sie einen besseren Zugang zu Ihrem Unterbewusstsein. Dieses Zeitfenster am frühen Morgen sollten Sie nutzen. Denn innerhalb dieser Zeit pausiert Ihr bewusstes Denken noch und hinkt der Realität gewissermaßen hinterher. Je mehr Sie (in Worten) denken, je mehr sich Ihr Bewusstsein also einschaltet, desto schneller verblassen die Bilder und die Geschichten, die Ihnen Ihr Unterbewusstsein als Traum beschert hat. Während der Aufwachphase befinden Sie sich noch in einem recht entspannten Zustand, der es Ihnen ermöglicht, leichter auf Ihr Unterbewusstsein zuzugreifen oder mit diesem zu kommunizieren. In diesem Dämmerzustand sendet Ihr Gehirn primär sogenannte

Theta-Wellen aus, die in einer Frequenz zwischen 4 und 8 Hz liegen. Diese Gehirnwellen-Frequenz wird mit der Erinnerung und dem Gedächtnis allgemein in Verbindung gebracht und hat einen Einfluss auf das limbische System, dem ältesten Komplex des Gehirns von Säugetieren. Theta-Wellen fördern die Entspannung und überwiegen außer in der Aufwach- und Einschlafphase auch bei tiefer Meditation, während der Hypnose oder der Autosuggestion sowie der traumreichen REM-Schlafphase. Je wacher Sie werden, desto mehr verändern sich die Hirnwellen. Sie reichen dann von den Alphawellen (8–14 Hz), die ebenfalls noch einen Zugang zum Unterbewusstsein darstellen und bei vielen meditativen Zuständen vorherrschen, bis zu den Betawellen (15–38 Hz). Letztere sind typisch für den Wachzustand und das bewusste, logische Denken.

Stellen Sie sich Ihren Geist wie einen tiefen Brunnen vor, auf dessen Grund sich die Bilder und Träume der Nacht befinden. Nun drängen von oben Gedanken über die Arbeit, den kommenden Tag, stressige Termine usw. und legen sich schichtweise auf den Grund des Brunnens. Ihre Bilder und Träume sind zwar noch da, aber sie sind unter den zahllosen Gedankenschichten verschüttet, sodass Sie keinen Zugang mehr zu Ihnen haben. Wenn Sie jetzt in den Brunnen (Ihren Geist) schauen, so sehen Sie nur Ihre alltäglichen Gedanken, obwohl der gerade geträumte Traum tatsächlich noch in der Tiefe des Brunnens (Unterbewusstsein) vorhanden ist. Machen Sie es sich zur Gewohnheit, Ihren inneren Brunnen täglich einmal zu leeren und am Morgen nach dem Aufwachen nicht gleich wieder zu füllen. Es ist wie bei einem Kleiderschrank: Je aufgeräumter dieser ist, desto leichter werden Sie finden, was Sie suchen. Die durch die Theta-Wellen geprägte Aufwachphase wird Ihnen dabei behilflich sein.

Ein Traumtagebuch führen

Legen Sie sich ein Ringbuch und einen Kugelschreiber und am besten auch eine Taschenlampe gleich neben Ihr Bett. Denn manchmal wacht man nach einem Traum mitten in der Nacht auf. Doch am nächsten Morgen ist das nächtliche Geschehen verblasst und damit auch der Traum. Schreiben Sie sich jede noch so kleine Kleinigkeit inklusive Datum auf, auch wenn es anfangs vielleicht nur undeutliche Bilder sind, an die Sie sich erinnern können. Vielleicht möchten Sie ein Bild auch lieber aufzeichnen als beschreiben? Auch dies fördert die Erinnerung an Ihren Traum und sensibilisiert Sie für das Erinnern zukünftiger Träume. Nach dem Aufwachen am Morgen schreiben Sie ebenso alles auf, was Ihnen noch einfällt. Die Fähigkeit, sich an seine Träume zu erinnern, funktioniert wie ein Muskel: Je mehr Sie diese Fähigkeit trainieren, umso mehr wächst sie.

Doch so ein Traumtagebuch hat noch einen weiteren Vorteil: Sie können es wunderbar zur Traumdeutung benutzen. Markieren Sie besonders auffällige Symbole oder Traumszenen mit einem Rotstift. Sie sollten sich Ihr Traumbuch ohnehin regelmäßig anschauen und können sich dadurch so manchen Traum wieder ins Bewusstsein rufen. Suchen Sie dabei auch nach eventuellen Gemeinsamkeiten, nach Traumserien oder wiederholt vorkommenden Symbolen. Vielleicht können Sie einen gemeinsamen Nenner oder den roten Faden in Ihren Träumen erkennen und kommen so nicht nur Ihren aktuell vorherrschenden Gefühlen, sondern auch Ihren tiefsten Glaubenssätzen, Ängsten und Wünschen auf die Spur.

Meditation

Wer häufiger meditiert, erzeugt mit der Zeit immer öfter und schneller Alpha- oder Theta-Wellen. Dadurch nehmen Sie Ihre Gedanken und Gefühle mit der Zeit immer besser wahr. Es geht also nicht darum, die Gedanken zu unterdrücken, sondern sie bewusst zu beobachten. Gedanken kommen und gehen wie die Wellen des Meeres. Ihr Geist jedoch ist wie das Meer selbst: Ist der Geist ruhig und klar, können Sie bis auf den Grund sehen und nehmen jede noch so kleine Veränderung wahr, bevor diese größere Wellen erzeugen kann. Hängen Sie Ihren Gedanken nicht nach, sondern lassen Sie diese vorüberziehen. Es werden neue Gedanken auftauchen und ebenfalls wieder vorüberziehen. Doch Sie bleiben wie die Tiefe des Meeres oder der Fels in der Brandung ruhig und im Hier und Jetzt. Jedes Mal, wenn Sie merken, dass Sie sich von Ihren Gedanken haben mitreißen lassen, kommen Sie einfach wieder zurück in dieses Hier und Jetzt. Vielleicht fällt Ihnen dies leichter, wenn Sie Ihre Atemzüge zählen.

Nach zehn Atemzyklen, also 10 Mal ein- und ausatmen, beginnen Sie mit dem Zählen wieder von vorne. Während der Meditation nehmen Sie die Rolle des Beobachters ein, der die Dinge (sowie Gedanken und Gefühle) so sieht, wie sie tatsächlich sind - ohne sie zu bewerten, zu verurteilen oder zu hinterfragen. Mit der Zeit wird es Ihnen immer leichter fallen, bei sich zu bleiben. Wenn Sie jeden Tag vor dem Einschlafen und auch tagsüber anfangs 5 Minuten - am besten sitzend - meditieren, dann wird der Gedankenstrom nach und nach langsamer werden, bis Sie irgendwann immer häufiger eine Art Lücke wahrnehmen können, in der Sie bleiben und auf den nächsten Gedanken warten können. Vielleicht nehmen Sie diese Lücke als einen inneren Raum wahr, in dem jeder Gedanke für Sie hör- und sichtbar wird. Die Fähigkeit, diesen inneren Raum und seine eigenen Gedanken wahrnehmen zu können, ist eng mit der Fähigkeit verknüpft, sich an die eigenen Träume zu erinnern und stellt außerdem eine gute Basis für das luzide Träumen sowie das Erleben von Astralreisen dar. Es gibt wohl kaum eine bessere Methode, um sich an seine Träume zu erinnern, als regelmäßige Meditation und Innenschau. Denn diese kommen beinahe einer selbst durchgeführten Psychoanalyse gleich, bei der unbewusste Seeleninhalte, Projektionen sowie Glaubens- und Verhaltensmuster aus den Tiefen des Unterbewusstseins an die Oberfläche des Bewusstseins treten. Der innere Zensor lässt, da nun keine Bewertung mehr stattfindet, mit der Zeit immer mehr Seeleninhalte und Gedankenkomplexe durch, die so bewusst verarbeitet werden können.

Sie werden gewissermaßen „durchlässiger", sodass Gedanken, Gefühle und auch Träume ungefiltert bis in Ihr Bewusstsein vordringen können.

Gebet (religionsunabhängig)

Der Begriff „beten" ist eng mit dem Wort „bitten" verwandt. Wenn Sie davon ausgehen, dass es Ihre Lebensaufgabe ist, wieder eins mit den Tiefen bzw. Höhen Ihres Unterbewusstseins zu werden und diese strikte Trennung zwischen Ich-Bewusstsein und Unterbewusstsein aufzuheben, dann kann der Ihnen unbewusste Teil Ihrer selbst ja nur daran interessiert sein, dass Sie sich an Ihre Träume erinnern. Dies gilt umso mehr, wenn ein Traum eine wichtige Botschaft für Sie bereithält. Auch darum können Sie bitten. Das Unterbewusstsein arbeitet vorwiegend mit Bildern. Stellen Sie sich also eine Gestalt vor, die für Sie der Inbegriff von Liebe, Weisheit, Schönheit und Kraft darstellt. Diese Wesenheit ist - so seltsam dies vielleicht für Sie klingen mag - auch ein Teil von Ihnen. Sie können mit dieser Wesenheit kommunizieren und sie um einen bedeutungsvollen Traum bitten, an den Sie sich dann auch erinnern können. Dieses Lichtwesen kann ein Schutzengel sein oder auch einfach Ihr Höheres Selbst, dessen ständige Gegenwart Ihnen zwar meist unbewusst ist, aber Sie dennoch stets begleitet und alles über Sie und Ihre unbewussten Gedanken, Gefühle und Ängste weiß. Wenn Sie keine solche Gestalt visualisieren können, aber in der Meditation geübt sind, können Sie sich zum Beten oder

Bitten auch in Ihren inneren Raum zurückziehen. Hier können Sie Ihre Bitte um die Erinnerung an Ihre Träume hineingeben. Sie wird dort nicht unbemerkt verhallen, sondern - wie ein ins Wasser geworfener Stein - weite Kreise ziehen und erhört werden.

Übrigens:

Die Einnahme von Medikamenten hat mitunter einen Einfluss auf die Traumerinnerung. Dies gilt vorrangig für Psychopharmaka mit ihrer Wirkung auf das Zentrale Nervensystem. Der Einfluss kann hemmender oder auch förderlicher Natur sein und verschwindet, wenn sich Gehirn, Nervensystem und Psyche an die entsprechende Wirksubstanz gewöhnt haben oder auch einige Zeit nach der medikamentösen Behandlung von ganz allein wieder.

Klarträume oder luzide Träume — so einfach können Sie Ihre Träume kontrollieren

In Klarträumen, die auch als luzide Träume bezeichnet werden, nimmt der Träumende ganz bewusst wahr, dass er träumt. Infolgedessen ist er sogar in der Lage, den Traum aktiv zu steuern. Er bestimmt die Handlungen und Geschehnisse, beinahe so wie ein Autor, der eine Kurzgeschichte schreibt. Der Begriff „luzid" stammt übrigens aus dem Lateinischen und ist vom Wort „lux" abgeleitet, was so viel wie „Licht" bedeutet. Es handelt sich also um „lichte Träume". Licht wird auch oftmals als Synonym für „Bewusstsein" verwendet, wobei Dunkelheit die dem Träumenden unbewusste Seite ausdrückt (siehe Kapitel über

Traumsymbole). Das luzide Träumen gilt sogar als eigener Forschungszweig, da es viel über die menschliche Psyche und ihre Fähigkeiten aussagt. Zwei bekannte Forscher auf diesem Gebiet waren die Parapsychologin Celia Green und der Psychologe Dr. Stephen LaBerge. Letzterer erfand sogar eine eigene Methode, mit deren Hilfe das Auftreten luzider Träume sozusagen „vorprogrammierbar" ist und von jedem erlernt werden kann.

Einer Umfrage zufolge haben immerhin mehr als die Hälfte aller Menschen schon einmal einen luziden Traum gehabt. Die Fähigkeit, zu reflektieren und über eigene Gedanken, Gefühle und sich selbst als denkendes Wesen „nachzudenken", ist in der Psychologie als Metakognition bekannt. So wie die Traumerinnerung Voraussetzung für die Traumdeutung ist, ist die Fähigkeit zur Metakognition eine Voraussetzung für das luzide Träumen.

Die Vorteile des luziden Träumens

Für den Träumenden hat das Erlernen des Klarträumens etliche Vorteile zu bieten. Zuallererst ist da natürlich die bewusste Auseinandersetzung mit eigenen unbewussten Seeleninhalten zu nennen. Nur durch eine gewisse Selbstanalyse können verdrängte Impulse, Ängste und (meist) negative Glaubenssätze bewusst gemacht und bearbeitet werden. Diese Arbeit am eigenen Schatten kann das Leben grundlegend verändern, das eigene Selbstbild erweitern und die (transpersonale) Persönlichkeitsentwicklung erheblich vorantreiben. Es geht um Individuation, die durchaus als Lebensaufgabe verstanden werden kann. Aber das luzide Träumen selbst kann ebenfalls zur Behandlung psychischer und mentaler Probleme herangezogen werden, wie LaBerge durch seine Arbeit immer wieder belegte. So empfahl er das luzide Träumen vor allem als Gegenmaßnahme bei wiederholt auftretenden Alpträumen und Angstzuständen. Denn während sich der Träumende in seiner Angst oder auch im Alptraum überwiegend als hilflos und passiv empfindet, lernt er im luziden Traum, dass er es ist, der die Zügel in der Hand hat und bestimmt, wie es weitergeht. Dieses Gefühl überträgt sich mit der Zeit auch auf den Wachzustand im Alltag und führt so zu einer neuen Selbsterfahrung und einem ebenso neuen, erweiterten Selbstbild.

Die „Mnemonic Induction of Lucid Dreams" (MILD) nach LaBerge

LaBerge entwickelte eine spezielle, wissenschaftlich gestützte Technik, mit deren Hilfe Träumende in die Lage versetzt werden, bewusst luzide Träume hervorrufen zu können. Auch hier spielt die bewusste Intention eine große Rolle. Denn unser prospektives Gedächtnis hilft uns dabei, ein einmal geplantes Vorhaben zum gegebenen Zeitpunkt auch auszuführen.

Beispiel 1:

Es gibt Menschen, die sich fest vornehmen, am nächsten Tag von allein (ohne Wecker) um 7 Uhr aufzustehen. Und siehe da: Es gelingt Ihnen. Sie haben Ihr Unterbewusstsein so programmiert, dass es diese Absicht unterstützt und den Wunsch (um 7 Uhr aufzuwachen) zuverlässig ausführt.

Beispiel 2:

Ein etwas weniger spektakuläres Beispiel ist das Erinnern an einen bevorstehenden Termin. Das Vergessen eines solchen ist laut Freud kein Zufall, denn das prospektive Gedächtnis untersteht dem Unterbewusstsein, welches die gespeicherte Information zur rechten Zeit freigibt oder zurückbehält.

Diese Fähigkeit, sich an ein einmal gesetztes Vorhaben zeitverzögert zu erinnern, kann bei LaBerges MILD-Methode auch für luzides Träumen angewandt werden. So wie Sie sich vornehmen, sich an Ihre Träume zu erinnern, nehmen Sie sich beim MILD vor, einen Klartraum zu produzieren. Produzieren ist hierbei genau das richtige Wort. Denn Sie haben oder bekommen nicht einen Traum: Sie produzieren - ob bewusst oder unbewusst - einen Traum. Nehmen Sie sich also vor, Ihren späteren Traum bewusst zu erleben und zu lenken.

Eigentlich einfach - die MILD-Technik:

Es klingt ganz einfach – und ist es auch. Sie brauchen lediglich Geduld und den Glauben daran, dass sie Ihr Unterbewusstsein erreichen können. Das Unterbewusstsein kann durch sich wiederholende Ereignisse ausgezeichnet beeinflusst werden. Trainieren funktioniert also auch hierbei durch Wiederholung. Die MILD-Technik funktioniert in fünf Schritten, die Sie beliebig oft wiederholen können:

* Holen Sie sich kurz vor dem Einschlafen einen markanten Traum in Erinnerung.
* Überlegen Sie sich, welche Situation oder welches Merkmal in diesem Traum am auffälligsten wahr. Dies könnte sein, dass Sie aus hoher Höhe fallen oder plötzlich zu fliegen anfangen. Wichtig ist, dass es ein für Träume typisches Ereignis ist, welches im Wachzustand so nicht auftritt.
* Nehmen Sie sich fest vor, zu diesem Traum zurückzukehren, um Ihn weiter zu träumen.
* Sagen oder denken Sie den Satz: „Bei diesem (oder meinem nächsten) Traum möchte ich mir darüber bewusst sein, dass ich träume."
* Wiederholen Sie diesen Satz mit Überzeugung. Es dürfen nicht nur leere Worte sein. Es muss eine starke Intention dahinterstecken, damit das Unterbewusstsein sich angesprochen fühlt. Unterschätzen Sie die Macht Ihres Unterbewusstseins nicht. Wenn Sie eine gute Beziehung zu Ihrem Unterbewusstsein aufbauen, sind Ihnen noch ganz andere Dinge möglich!

Je aktueller der Traum ist, zu dem Sie zurückkehren möchten, desto leichter wird Ihnen das auch gelingen. Am besten funktioniert diese Übung, wenn Sie mitten im Traum aufgewacht sind und Sie diese Methode sofort danach anwenden und wieder einschlafen. Denn dann sind die Erinnerung an den Traum und die damit verbundenen Gefühle in Ihnen noch präsent und leicht abrufbar.

Eine weitere Methode: Der Realitätscheck

Alle Tätigkeiten, Fähigkeiten und Gedanken, die Sie regelmäßig wiederholen, sacken mit jeder Wiederholung tiefer in das Unterbewusstsein hinab. Genau so funktioniert auch das Lernen einer Sprache, der Mathematik oder auch des Autofahrens. In Zukunft müssen Sie sich nicht mehr dauernd bewusst daran erinnern, wie etwas funktioniert. Es ist ein Automatismus entstanden und das Gelernte ein Teil von Ihnen geworden. Diese Fähigkeit des Verinnerlichens können Sie sich auch für das luzide Träume zunutze machen. Doch statt einer Fremdsprache oder dem Autofahren üben Sie hierfür eine bestimmte Form der Metakognition: Sie halten mehrmals täglich in verschiedenen Situationen inne und führen einen sogenannten Realitätscheck durch. Dieser funktioniert folgendermaßen:

* Sie fragen sich bewusst: Träume ich oder bin ich wach?
* Wie fühlt es sich an, wach zu sein?

* Schauen Sie sich ausgiebig um und machen Sie sich bewusst, dass Sie tatsächlich wach sind.
* Woran erkennen Sie, dass Sie wirklich wach sind?
* Schauen Sie sich, wenn möglich, ganz genau im Spiegel an. Erkennen Sie sich hierin wieder?
* Wenn Sie in einem Raum sind, machen Sie das Licht an. Funktioniert das?
* Gibt es etwas für Sie Typisches, woran Sie erkennen können, dass Sie träumen oder wach sind?
* Können Sie spontan fliegen? Das können Sie im Traum jederzeit überprüfen und wissen dann, dass Sie träumen.

Der Sinn hinter dieser Übung, die auch Realitätstest genannt wird, ist, dass diese Prozedur des Hinterfragens und Überprüfen der Realität in Fleisch und Blut übergeht und so mit der Zeit auch automatisch im Traum durchgeführt wird. Der einzige Unterschied ist: Wenn Sie sich im Traum die Frage stellen, ob Sie wach sind oder träumen, können Sie sich bewusst sagen: Ich träume. Von diesem Moment an sind Sie sich also des Traumes bewusst. Der nächste Schritt ist dann, das Traumgeschehen nach Ihren Wünschen zu lenken.

Mögliche Realitätsprüfung im Traum – ein Beispiel:

Vereinbaren Sie mit sich selbst ein Zeichen. Ein einfacher Realitätstest im Traum ist das Betätigen des Lichtschalters in einem Raum, den Sie tatsächlich kennen. Sie wissen, dass das Licht in der Realität angeht, wenn Sie den Lichtschalter betätigen. Verabreden Sie mit sich selbst, dass das Licht im Traum nicht angehen wird, wenn Sie auf den Schalter drücken. Dann wissen sie: Solange das Licht nicht angeht, ist das Ganze ein Traum. Sie haben also einen Realitätscheck im Traum durchgeführt und festgestellt, dass Sie träumen. Das ist der Punkt, an dem Ihnen der Traum als Traum bewusst wird.

Auch für luzides Träumen nützlich: Das Traumtagebuch

Viele Methoden, die bei der Traumerinnerung helfen, können auch luzides Träumen fördern. Mit einem Traumtagebuch lassen Sie bestimmte Träume Revue passieren, schärfen Ihre kognitive Wahrnehmung und bekommen ein Gefühl und Bewusstsein für Ihre Träume. Es ist also nicht allein das Führen eines Traumtagebuchs, sondern vor allem die Beschäftigung damit, die sowohl die Traumerinnerung als auch das luzide Träumen fördern.

WBTB und SSILD Methode

Eine populäre, aber nicht immer wirksame Methode ist, dass sich der Träumende nach 5 Stunden Schlaf wecken lässt, um einige Zeit später bewusst in die REM-Phase des Schlafes einzutreten. Neuere Studien weisen darauf hin, dass diese „Wake-back-to-bed-Methode" (WBTB-Methode) bei Weitem nicht so effektiv ist wie die MILD-Technik und das Führen eines Traumtagebuchs. Eine etwas abgewandelte Form der WBTB-Methode dagegen – als „Senses Initiated Lucid Dream" (SSILD) bekannt – scheint recht gute Ergebnisse zu erzielen. Hierbei lässt sich der Träumende ebenfalls nach 5 Stunden wecken, schläft aber nach nur wenigen Sekunden sofort wieder ein. Dies erhöht die Wahrscheinlichkeit, an den unterbrochenen Traum „andocken" zu können und dabei zu bemerken, dass es sich um einen Traum handelt. Dieses wach-induzierte luzide Träumen ist jedoch nicht jedermanns Sache und kann gut durch weniger energieraubende Techniken ersetzt werden.

Etliche Studien belegen zudem, dass vor allem regelmäßiges Meditieren neben der Traumerinnerung auch das Auftreten von Klarträumen fördert. Gerade die Achtsamkeitsmeditation, die japanische Zen-Meditation sowie das bekannte Traumyoga sollen Qualität und Quantität luzider Träume steigern können. Man könnte also fast sagen: Je wacher und bewusster Sie im Alltag sind, desto intensiver und bewusster sind auch Ihre Träume.

Kräuter zur Förderung luzider Träume

Die Einnahme von hochdosiertem Vitamin B6 kann Studien zufolge die Traumerfahrung intensivieren. Daneben sind es vor allem auch pflanzliche Stimulanzien, die in vielen Kulturen für das Fördern von luziden Träumen verwendet werden.

Zwei Pflanzen haben sich hierbei besonders bewährt:

Silene undulata und Calea ternifolia

Silene capensis oder undulata ist unter dem treffenden Namen „Afrikanische Traumwurzel" bekannt und gehört zur Familie der Nelkengewächse. Sie wird innerhalb des afrikanischen Xhosa-Stammes nicht nur aufgrund ihrer stark traumfördernden Wirkung eingenommen. Vor allem für das Auslösen von Klarträumen, die Kontaktsuche zu den Ahnen sowie für schamanische Reisen ist die Traumwurzel berühmt. Auch Krankheiten sollen mit ihrer Hilfe vorhergesagt werden können.

Um in den Genuss dieser Pflanzenkraft zu kommen, wird daraus ein besonderes Getränk, der „Ubuwalu", hergestellt. Zu diesem Zweck wird die getrocknete Wurzel pulverisiert, ein wenig des Pulvers mit Wasser vermischt und das Gemisch so lange mit einem Schneebesen oder einer Gabel geschlagen, bis weißlicher Schaum entsteht. Dieser wird von der Flüssigkeit getrennt und beliebig oft eingenommen. Ein halber Teelöffel des Pulvers soll genügen, um bei regelmäßiger Einnahme die Wahrnehmung in Traum und Alltag zu beeinflussen.

Gleich mehrere Nächte lang soll dies zu lebhaften, farbenfrohen und luziden Träumen führen.

Interessanterweise gibt es über die psychotropen und allgemeinen Inhaltsstoffe dieses beinahe unscheinbaren Nelkengewächses bisher kaum Erkenntnisse. Eventuell sind die enthaltenen Triterpenoidsaponine für die psychoaktive Wirkung verantwortlich, doch belegt ist diese Annahme nicht. Warum die Traumwurzel eine solche Wirkung erzielt, bleibt also vorerst ein Geheimnis, welches die Xhosa gut zu hüten wissen.

Die Wirkung

Silene capensis hat eine intensive, trauminduzierende Wirkung und hilft dabei, sich an Träume zu erinnern sowie luzide Träume zu produzieren. Nach der Einnahme soll es zu besonders real wirkenden Träumen kommen, die daher auch gut erinnert werden. Doch auch die bewusste Wahrnehmung im Alltag soll durch die regelmäßige Einnahme verstärkt werden. Es kommt interessanterweise nicht zu Wahrnehmungsverzerrungen oder Sinnestäuschungen, wie das bei etlichen anderen, psychoaktiv wirkenden Pflanzen der Fall ist. Im Gegenteil: Die Traumwurzel lässt die Farben der Umgebung intensiver und klarer erscheinen - ein Grund mehr, weshalb Sie sich für das Fördern von Klarträumen so gut eignet.

Tipps zum Eigenanbau

Nicht nur in Afrika gedeiht die Silene capensis. Sie fühlt sich auch in mitteleuropäischen Gefilden wohl, wenn sie ausreichend gegossen wird. Damit sie einen recht großen Wurzelstock entwickelt, benötigt sie allerdings ausreichend Platz. Für Lichtkeimer typisch werden ihre Samen zur Anzucht lediglich leicht in die Aussaaterde eingedrückt, aber nicht mit Erde bedeckt. Erst nach dem zweiten Anbaujahr ist die Wurzel erntereif und kann getrocknet und zu einem feinen Pulver weiterverarbeitet werden.

Interessant:

Obwohl sie eine recht starke psychotrope Wirkung ausübt und ihre Inhaltsstoffe noch bei Weitem nicht gänzlich erforscht sind, unterliegt die Afrikanische Traumwurzel (noch) nicht dem Betäubungsmittelgesetz. Sie kann also ganz legal angebaut und konsumiert werden. Hier gilt jedoch der Leitsatz „Weniger ist mehr" und nicht „Viel hilft viel", wie entsprechende Studien eindeutig belegen. Denn es kommt mehr auf die regelmäßige Einnahme als auf die Menge des Pulvers an.

Calea ternifolia (Zacatechichi), das aztekische Traumkraut

Das Aztekische Traumkraut stammt ursprünglich aus Mexiko, ist aber auch in Kolumbien und der Halbinsel Yucatán zu finden. Die einjährige, krautige Pflanze gehört zur Familie der Korbblütler und kann bis zu 3 Meter hoch werden. Unter anderem ist sie auch als Aztekisches Traumgras oder Bitterkraut bekannt und wird von den Ureinwohnern Mittelamerikas konsumiert, um Klarträume zu erzeugen. Sie enthält hauptsächlich die Bitterstoffe Sesquiterpenlactone, unterschiedliche, gelb-farbige Pflanzenfarbstoffe und ein bislang nicht bekanntes Alkaloid, welches womöglich die psychoaktive Wirkung auslöst.

Die Wirkung

Außer zur Erzeugung von Klarträumen hat das Aztekische Traumkraut in der traditionellen Heilkunde auch die Funktion als hormonregulierendes Heilkraut und wird zudem bei Verdauungsbeschwerden eingesetzt.

Bei den Chontal - einem Maya-Indianerstamm aus der Gegend von Oaxaca und Tabasco - wird das Aztekische Traumkraut verwendet, um Visionen zu fördern und wahrsagen zu können. Daher wird die Pflanze auch als „Blatt Gottes" bezeichnet.

Schätzungsweise 50-60 Gramm der frisch geernteten Blätter (1 g getrocknetes Kraut) pro Kilogramm Körpergewicht des Konsumenten werden in Form eines bitteren Tees getrunken. Das getrocknete Traumkraut kann jedoch auch geraucht werden, wobei es seine leicht halluzinogene Wirkung ebenso gut entfaltet. Leider stehen alkoholische Traumkraut-Extrakte in Verdacht, möglicherweise nierenschädigend zu sein. Dieser Verdacht wurde jedoch bislang lediglich in vitro beobachtet und ist keineswegs sicher belegt.

Interessant:

Das Aztekische Traumkraut soll nicht nur Klarträume erzeugen können, sondern generell auch das Erinnern an

Träume fördern. Der rechtliche Status innerhalb Deutschlands ist bislang nicht von Belang, das Aztekische Traumkraut unterliegt also nicht dem Betäubungsmittelgesetz und darf – rechtlich gesehen – sowohl angebaut als auch konsumiert werden.

Weitere Oneirogene für das luzide Träumen

Beifuß

Beifuß, der in Deutschland oftmals wild an Wegesrändern zu finden ist, kennt man in zahlreichen Kulturen ebenfalls als wirksames Kraut zum Fördern prophetischer und luzider Träume sowie Astralreisen. Meist wurde es als getrocknetes Kraut verbrannt (Räuchern), kann aber auch geraucht werden. Hierzulande kennt man es als hochwertiges Gewürz- und Heilkraut. Als Tee konsumiert soll Beifuß zudem leberreinigend wirken und – Anwendern zufolge – die REM-Schlafphase verlängern können. Heilkundige Kräutersammler berichten sogar von Träumen, in welchen dem Träumenden sein persönliches Lebensthema offenbart wird. Geraucht soll Beifuß das Seh- und Hörvermögen verändern und leichte Halluzinationen und Auditionen hervorrufen können.

Schwangere Frauen sollten Beifuß meiden, da er eine Wirkung auf die Gebärmutter ausüben kann.

Beifuß kann problemlos selbst angebaut werden, ist aber auch in gut sortierten Supermärkten, in Bioläden und im Internet erhältlich.

Empfehlung: Ein Teelöffel getrocknetes Beifußkraut pro Tasse mit kochendem Wasser übergießen und bedeckt etwa 10 Minuten ziehen lassen.

Entada rheedii — die Afrikanische Traumbohne

Afrikanische Traumbohnen, auch als afrikanisches Traumkraut bekannt, sind die recht großen Samen einer holzigen Kletterpflanze, die mit botanischem Namen Entada rheedii heißt. Etliche wildlebende, afrikanische Stämme verwenden die Traumbohnen, um mit den Geistern ihrer Ahnen Verbindung aufzunehmen. Außerdem werden den Samen magische Kräfte zugeschrieben, weshalb sie auch gern als Talisman am Körper getragen werden. Wird die Traumbohne verzehrt, soll sie die Schlaf- und Traumqualität verbessern, lebhafte Klarträume fördern und die Kontaktaufnahme mit den Ahnen erleichtern. Vor allem aber soll sie das Bewusstsein des Träumenden schärfen und so das luzide Träumen fördern.

Die harte, nussartige Bohne kann hierfür geknackt und das schmackhafte Innere kurz vor dem Schlafen roh verzehrt werden. Eine Bohne soll ausreichen, um den gewünschten Effekt zu erzielen.

Bei den Urvölkern wird das Fleisch der Bohne traditionellerweise jedoch meist geraucht.

Wirkstoffe:

Die Pflanze ist noch nicht gründlich erforscht. Dennoch sind einiger ihrer Inhaltsstoffe bereits bekannt. Dies sind unter anderem verschiedene Triterpenoidsaponine (Rheediinosides A, B, und D) sowie Thioamidglycoside. Bislang unbekannte psychoaktive Alkaloide scheint sie ebenfalls zu enthalten, die eventuell für die Wirkung auf das Bewusstsein und die lebhaften Klarträume verantwortlich sein könnten.

Synaptolepis kirkii (Uvuma-omhlope)

Uvuma-omhlope ist ebenfalls eine typisch afrikanische Pflanze zur Förderung von Klarträumen. Es handelt sich bei dieser Pflanze um einen kleinwüchsigen Strauch mit blau-grünen Blättern, welcher wildwachsend in etlichen Gegenden Afrikas zu finden ist. Während der Stamm richtig schwarz ist, sind die Wurzeln dagegen beinahe weiß. Die Uvuma-omhlope soll sinnvolle und prophetische Visionen erzeugen können und - wie die Traumbohne auch - den nächtlichen Kontakt zu den Ahnen erleichtern.

Auch die Fähigkeit zur Traumerinnerung soll durch die Uvuma-omhlope verbessert werden.

Vor allem die Zulu- und Xhosa Stämmen sollen die Pflanze verwenden, um Visionen und klare Träume zu erhalten.

Ähnlich wie viele der anderen afrikanischen Traumkräuter, die von den Zulu und Xhosa verwendet werden, wird die Uvuma omhlope als Tee konsumiert, wobei zwischen 300 und 400 Gramm der getrockneten, pulverisierten Wurzel pro Person empfohlen werden.

Das Pulver wird in kochendes Wasser gegeben und muss mindestens 5 bis 7 Minuten ziehen, damit die Wirkstoffe in das Wasser übergehen. Danach wird das Gemisch abgeseiht und die Flüssigkeit kurz vor dem Schlafen getrunken.

Wirkstoffe:

Die Uvuma-omhlope enthält etliche, bislang nicht identifizierte Alkaloide, die vermutlich für die psychoaktive Wirkung verantwortlich sind. Ein Alkaloid, das Krikinin, ist jedoch bereits bekannt und soll einen positiven Einfluss auf das Nervenzellwachstum ausüben können. Auch diese Pflanze bzw. die Wurzel ist legal erhältlich und wird daher häufig zur Förderung von Klarträumen eingesetzt.

Kräuter und Pilze, deren Einnahme zu Bewusstseinsveränderungen führen können, gibt es viele. Doch nicht alles, was psychoaktiv wirkt, verhilft auch zu Klarträumen. Hier muss gut unterschieden werden zwischen einer eher berauschenden Wirkung, die Klarträume sogar behindert und Substanzen, die das Bewusstsein klären und dabei helfen, im Hier und Jetzt anzukommen. Alkohol und THC-haltige Produkte beispielsweise sind keinesfalls förderlich, wenn Sie luzides Träumen erlernen möchten. Daher scheint es ratsam, sich an althergebrachte Rezepte zur Förderung von Klarträumen zu halten und auch hier eher vorsichtig zu dosieren, da Nebenwirkungen unbekannter Art oder auch allergische Reaktionen niemals ausgeschlossen werden können.

Nah verwandt mit dem Klarträumen: Die Astralreisen

Um zu verstehen, wie eine Astralreise funktioniert, und um was es sich überhaupt handelt, ist es wichtig, dass Sie etwas über Ihren Astralkörper erfahren und was dieser mit dem Thema Träumen zu tun hat.

Ihr Astral- oder Emotionskörper ist gleichzeitig Ihr Traumkörper und kann von sensitiven Menschen als farbiges Feld innerhalb der Aura, einem weiteren farbigen Energiefeld, um Ihren physischen Körper herum wahrgenommen werden. Verschiedene Emotionen erzeugen dabei eine jeweils andere Farbe. Während Ihr Grundmuster und die Grundtönung stets gleich bleiben, können plötzlich auftretende Emotionen Struktur und Farbe der Aura zeitweise beeinflussen. Diese Energie des Astralkörpers ist durch die 7 astralen Chakren mit Ihrem physischen Körper und auch dem Denkkörper verbunden. Diese interagieren miteinander und unterliegen damit ihren gegenseitigen Beeinflussungen. Mit dem Astral- oder Traumkörper können Sie Ihren physischen Körper verlassen und die Traum- oder Astralwelt bereisen. Unter Umständen werden Sie Kontakt zu astralen Wesen und Doppelgängern aufnehmen können und Dinge wahrnehmen, die Ihrem Auge ansonsten verschlossen sind. Sie werden sich in den Feldern unterschiedlichen Traumwelten bewegen und mit neuen Erkenntnissen über sich und die Welt jenseits des Sichtbaren zurückkehren, wobei Sie während Ihrer Reise Ihren Körper „von außen" betrachten können. Für den „Normalmenschen" ist der feinstoffliche Traumkörper, in welchem Ihre Seele zu Hause ist, unsichtbar. Auch das Silberband, mit dem Sie auf Ihren Astralreisen und Träumen stets mit Ihrem physischen Leib verbunden sind, ist den physischen Augen verborgen. Dieses lebenswichtige Band erinnert an die Nabelschnur, mit der ein ungeborenes Baby mit dem Mutterkuchen und dadurch mit der Mutter verbunden ist. Während das Durchtrennen der physischen Nabelschnur das Leben auf der Erde symbolisiert, kommt es nun beim (physischen Tod) zur Durchtrennung des silbrig-glänzenden Astralbandes. Danach kommt es mit der Zeit zum Zerfall des Astralkörpers, wobei sämtliche im Traum- oder Astralkörper gespeicherten Informationen von der unsterblichen Seele aufgenommen werden.

Bei einer Astralreise verlässt Ihr Astralkörper Ihren physischen Körper jedoch nur für einen begrenzten Zeitraum, damit Sie eine außersinnliche respektive außerkörperliche Erfahrung machen können. Vor allem viele Naturvölker älterer Kulturen sind mit dieser Form der außersinnlichen Wahrnehmung vertraut. Meistens muss das Reisen in astrale Traumwelten ausgiebig trainiert und bewusst hervorgerufen werden. Selten kommt es dagegen einmal zu einer spontanen, ungewollten Erfahrung dieser Art.

Stellen Sie sich den physischen Körper wie mit mehreren Hüllen umhüllt vor. Jede „Hülle" ist feinstofflicher als die vorherige. Die Astralwelt selbst ist erst einmal „Ihre" Traumwelt und durch Ihr Bewusstsein geformt. Sie werden also Dinge erkennen können, die mit Ihnen selbst, Ihren Gedanken, Ihren Gefühlen und Erlebnissen verbunden sind.

Das Besondere, was Ihre Traum- oder Astralwelt ausmacht: In Ihr sind - ähnlich wie eben auch in Ihren Träumen - die physikalischen Gesetze wie Schwerkraft, Zeit und Raum aufgehoben. Dadurch können Sie hier beispielsweise fliegen, Wände und andere scheinbar feste Stoffe durchdringen und mehrere Orte gleichzeitig sehen. Vergangenheit, Zukunft und Gegenwart verlieren Ihre festen Grenzen und können gleichzeitig erfahren werden. Oder Sie erleben Vergangenes noch einmal - nur diesmal bewusster und mit dem Wissen von heute.

Ihren Astralkörper selbst, mit dem Sie diese Welt bereisen, können Sie gedanklich beeinflussen und so seine Form bestimmen. Ob als durchsichtige Hülle, als glühende Energiekugel oder strahlender Stern: Sie entscheiden (bestenfalls bewusst), wie Ihr Traum- oder Astralkörper aussehen soll.

Viele Astralreisende nutzen die Fähigkeit zur Astralreise, um einem geliebten, aber bereits verstorbenen Menschen zu begegnen und mit ihm zu sprechen. Doch auch andere geistige Wesen sind hier zu Hause und können Ihr Wissen mit Ihnen teilen. Sogar Tiere und Fabelwesen können Ihnen hier – wie im Traum – wichtige Botschaften mitteilen.

Eines ist jedoch wichtig, zu verstehen:

Alles, was Sie in der Astralwelt sehen, ist von Ihren Gefühlen und Glaubenssätzen gefärbt. Wie im Traum auch, projizieren Sie Ihre unbewussten Gefühle und Stimmungen auf die Wesen, denen Sie in Ihrer Astralwelt begegnen. Deshalb sollten Sie Astralreisen nur an Tagen unternehmen, an denen es Ihnen psychisch gutgeht, damit Ihre Astralreise nicht ungewollt zum Horrortrip wird. Diese Welt ist wie ein Spiegelbild Ihres Unterbewusstseins. Ob Trauer, Angst, Glück, Wut oder Liebe: Alle Ihre Grundstimmungen und emotionalen Regungen spiegeln sich in dieser astralen Welt wider.

Körperlich können Sie den Antritt Ihrer Reise in diese Welt ebenfalls wahrnehmen. Viele Menschen, die Qigong praktizieren, berichten seltsamerweise von einem ähnlichen Körpergefühl, wie Menschen, die sich auf eine Astralreise begeben: Es fühlt sich an, als vibriere der Körper leicht. Man spürt Schwingungen und Ströme - wie durch Elektrizität hervorgerufen. Doch welches Körpergefühl auch immer auftaucht, spielt im Grunde keine Rolle. Bleiben Sie einfach in Ihrer Mitte, genießen Sie das ungewohnte Gefühl der Schwerelosigkeit, welches sich gleich zu Beginn ausbreitet und geben Sie sich den Schwingungen und Strömungen hin, die Ihnen den Beginn Ihrer Reise in astrale Gefilde ankündigen.

Die Sinneswahrnehmung in der Astralwelt

Während Sie sich mit Ihrem Astralkörper auf Ihrer Reise befinden, ist Ihre Art, mit Ihren Sinnen die Welt wahrzunehmen, eine völlig andere als bisher. Alles geschieht gleichzeitig: Bevor Sie auch nur ein Gefühl oder einen Gedanken bewusst wahrnehmen können, verändern diese bereits die Welt, in der Sie sich befinden.

Traurige Gefühle und Gedanken können insbesondere den Himmel verdunkeln oder weinende Wesen auftauchen lassen. Glücksgefühle wiederum erzeugen womöglich helle Farben und Lichter sowie Wesen, die sich lachend und liebend an den Händen fassen. Sind Sie gedanklich nicht konzentriert, zeigt Ihnen aufkommender Nebel, dass es Ihnen an Klarheit mangelt. Die Symbolik der Astralwelt ist die gleiche wie die in Ihren Träumen. Der Vergleich ist in jedem Fall angebracht, denn prinzipiell könnte man sagen, dass eine Astralreise einen erweiterten Klartraum darstellt.

Vor allem die Fähigkeit, Dinge gleichzeitig von verschiedenen Seiten betrachten zu können, kann während einer Astralreise sehr ausgeprägt sein und völlig neue Erkenntnisse vermitteln. Auch die Erfahrung, dass Materie (in Wirklichkeit wie in der Astralwelt) gar nicht fest und undurchdringlich ist, sondern eher verdichteter Energie gleicht, lässt Sie die Welt buchstäblich mit neuen Augen sehen. Farben erhalten ebenso eine neue Bedeutung und Intensität. Sie werden mitunter wellenartig vibrierend und ineinanderfließend wahrgenommen oder erscheinen besonders leuchtend und intensiv.

Ihr Gehör funktioniert in der Astralwelt ebenso anders, als Sie es gewohnt sind. Sie hören intensiver und nehmen Töne eventuell deutlich als Schwingungen respektive Schallwellen wahr, die Sie körperlich spüren können. Eine beglückende Erfahrung für viele Astralreisende ist es, wenn Sie sich mit einem Tier oder einer Pflanze unterhalten oder Sphärenmusik wahrnehmen können. Auch telepathisch geführte Unterhaltungen sind möglich und geschehen wie von allein – fast so, als seien sie selbstverständlich, was sie in der Astralwelt ja auch tatsächlich sind. So wie im Traum oder im Märchen alles möglich ist, geschehen auch in der Astralwelt Dinge, die uns magisch und unerklärlich erscheinen. Umso faszinierender ist das Wissen, dass Sie diese Dinge selbst projizieren und damit Schöpfer Ihrer eigenen Erlebnisse sind.

Robert Allen Monroe: Ein Pionier des astralen Reisens

Der amerikanische Schriftsteller Robert Monroe wollte im Jahre 1958 eigentlich nur eine (neue) Methode des Auswendiglernens ausprobieren. Diese Form des Lernens stupider Daten sollte buchstäblich im Schlaf erlernt werden können. Doch anstatt sich durch einen Automatismus nur Zahlen und Daten im Gedächtnis einzuprägen, vollzog Monroe bei einem seiner Experimente ungewollt seine erste Reise in die Astralwelt. Diese Erfahrung prägte ihn so sehr, dass er von da an weitere Astralreisen unternahm, seine Fähigkeit, auf Astralreisen zu gehen, perfektionierte und diese Methode auch anderen zur Verfügung stellte. Fortan hieß diese Technik, mit der es besonders leicht sein sollte, sich auf Astralreisen zu begeben, die Monroe-Technik. Mit dieser gelingt es immer mehr Menschen auch noch heute, mit ein wenig Übung und in wenigen Schritten auf eine Astralreise zu gehen und willentlich die Astralwelt zu erkunden. Die folgende Anleitung basiert daher auf seinen Erkenntnissen und Erfahrungen und ermöglicht auch Ihnen, das Reisen in astrale Welten zu erlernen.

Wie Sie in 7 Schritten das Astralreisen erlernen können

Mit dem Träumen und auch Reisen in astrale Welten ist es wie mit dem Atmen: Wir tun es die ganze Zeit, sind uns dessen aber meist nicht bewusst und können es daher auch nicht willentlich beeinflussen - es sei denn, wir üben uns darin, denn genau dies kann jeder lernen. Es gibt sogar Yogis, die Ihren Atem und Herzschlag für eine beliebig lange Zeit anhalten können. Es ist eben alles eine Frage des bewussten Wahrnehmens und Übens. So wie Sie sich an Träume erinnern und luzide Träume erleben können, ist Ihnen auch das Reisen in die Astralwelt möglich. Doch ohne Übung geht es nicht.

Vergleichen wir das astrale Reisen noch einmal mit dem Atmen.

Das Problem ist folgendes: Normalerweise funktioniert Ihr Atem von allein und gleichmäßig. Sobald Sie (als Anfänger) versuchen, bewusst zu atmen, werden Sie feststellen, dass sich Ihr Atem ungewollt verändert. Er wird unregelmäßig und verkrampft. Ebenso ist es mit dem Einschlafen: Solange Sie von allein einschlafen, gelingt dies Ihnen mühelos. Aber, wenn Sie krampfhaft und mit Absicht versuchen einzuschlafen, bekommen Sie vermutlich kein Auge zu.

Auch die Astralreise lässt sich nicht erzwingen, sondern geschieht einfach. Eine wesentliche Voraussetzung hierfür ist eine entspannte Geisteshaltung.

Sie müssen nichts tun, sondern vielmehr die Dinge geschehen lassen.

Als perfekte Vorbereitung für Astralreisen ist – ähnlich wie für das luzide Träumen – eine Meditation, bei der Sie lernen, Ihren Atem zu beobachten, ohne ihn dabei zu verändern.

Auch Monroe war überzeugt, dass eine angespannte Haltung oder gar Furcht vor dem Unbekannten ein Hindernis für eine geplante Astralreise darstellen kann. Wer sich mit der Angst herumschlägt, er könne hinterher womöglich nicht mehr in seinen physischen Körper zurückkehren, sollte sich klarmachen, dass selbst der viel reisende und anfangs unerfahrene Monroe bis an sein Lebensende stets wieder in seinen Körper zurückgekehrt ist.

Folgende 7 Schritte basieren daher auf seiner Methode für das astrale Reisen

1. Schritt: Die Entspannungsphase einleiten

Hierfür eignet sich – wie bereits erwähnt – vorwiegend eine Form der Meditation, bei der Sie lernen, Dinge lediglich beobachtend geschehen zu lassen. Es ist wichtig, dass Sie körperlich sowie geistig-seelisch in eine entspannte Haltung hineinfinden. Auch Yoga, Progressive Selbsthypnose oder Autogenes Training sind eine wunderbare Vorbereitung für Ihre geplante Reise in die Astralwelt.

Nach der Entspannungsübung legen Sie sich auf die Couch oder Ihr Bett und fallen tiefer und tiefer in die Entspannung hinein. Stellen Sie sich vor, Sie wären schwer wie ein Stein, der nun ins Wasser fällt. Mit der Zeit kommen Sie in einen Zustand, der als Schlafparalyse bekannt ist. Die Kunst ist es, diesen hypnagogischen Zustand bewusst beizubehalten, ohne dabei einzuschlafen oder die Schlafparalyse mit einem ungewollten Ruck zu beenden.

2. Schritt: Das gedankliche Fokussieren

Diese von Monroe als Kondition A bezeichnete Phase ist mitunter durch eine ausgeprägte Müdigkeit gekennzeichnet. Doch kurz bevor Sie aus Versehen einschlafen, nutzen Sie die Energie der Konzentration auf einen visuellen Gegenstand Ihrer Wahl. Dies kann etwa eine besondere Pflanze oder schöne Landschaft sein, die Sie vor Ihrem inneren Auge vorüberziehen lassen. Diese Phase will geübt sein, bis Sie weder aus Versehen einschlafen noch aus diesem Grenzland zwischen Schlafen und Wachen herausfallen.

3. Schritt: Der Körper schläft, der Beobachter wacht (Kondition B)

Jetzt versuchen Sie das Gegenteil von Konzentration und Fokussieren, indem Sie Gedanken, Bilder und Empfindungen einfach vorüberziehen lassen, ohne ihnen nachzuhängen. Blicken Sie auf das Schwarz hinter Ihren geschlossenen Augen. Beobachten Sie das Nichts, während Ihr Körper immer tiefer in den Schlaf hinein fällt.

4. Schritt: Tiefer Fall (Kondition C)

Immer mehr trennt sich der physische Körper nun vom Astralkörper. Nach und nach schalten sich die gewohnten Sinneswahrnehmungen ab und Sie beginnen, sich wie eine vibrierende Hülle außerhalb Ihres Körpers wahrzunehmen.

5. Schritt: In der Schwingung bleiben (Kondition D)

Indessen gilt es, diese Vibration und die Schwingungen bewusst wahrnehmen zu können. Und wieder lockt der Schlaf, dem Sie immer noch widerstehen müssen. Versuchen Sie stattdessen, diese Schwingungen willentlich hervorzurufen, bis Sie immer mehr bereit sind, mit einer dieser immer stärker werdenden Schwingung Ihren Körper zu verlassen.

6. Schritt: Überprüfen des Schwingungszustandes

Ob Sie jetzt ein elektrisches Zischen, ein Kribbeln oder wellenartige Vibrationen spüren: Wenn Sie das Astralreisen lediglich üben wollen, dann versuchen Sie nun gedanklich, einen Arm Ihres Astralkörpers auszustrecken und mit diesem einen Gegenstand zu durchdringen. Danach ziehen Sie Ihren Arm wieder zurück und bleiben liegen, bis Sie sich wieder „normal" fühlen. Wollen Sie aber tatsächlich Ihre Reise unternehmen, sind Sie jetzt endgültig für die Trennung von Ihrem physischen Körper bereit.

7. Schritt: Die endgültige Trennung

Stellen Sie sich nun vor, mit der nächsten Schwingung nach oben oder seitlich aus Ihrem Körper herauszutreten. Wer denkt da nicht automatisch auch an die Geburt, bei der das Ungeborene mithilfe der Wehen aus dem Körper der Mutter heraus und in die Erdenwelt hineintritt?!

Keine Angst:

Wenn Sie zurück in Ihren physischen Körper möchten, wird genau dies geschehen und Sie werden automatisch wieder wach.

Astralreisen sind also - wie auch das Klarträumen - eine erlernbare Kunst, aber keine Magie. So wie Sie eine fremde Sprache lernen können, sind Sie auch in der Lage, Astralreisen zu unternehmen und luzide Träume zu produzieren. Ebenso ist es mit der Traumdeutung. Mit der Zeit werden Sie „Ihre" Traumsprache und damit die Sprache Ihrer Seele immer besser verstehen lernen. Ob Sie sich nun an Träume erinnern oder diese deuten, luzide Klarträume erleben oder Astralreisen unternehmen wollen: Jede Reise beginnt bekanntlich mit einem ersten Schritt! Diesen müssen Sie selbst gehen, einen kleinen Plan haben Sie ja inzwischen hiermit an der Hand. Diese Reise in die Tiefen Ihrer Seele wird Ihr Leben auf jeden Fall bereichern und dabei kostenlos, aber nicht umsonst sein.

Wahrscheinlich werden Sie nun noch zahlreiche Fragen haben und das ist auch gut so.

Denn ohne Fragen erhalten Sie keine Antworten und genau diese suchen Sie doch, weshalb Sie dieses Buch überhaupt erst gelesen haben. Daher finden Sie hier noch einige Fragen rund um das Thema Träume und Astralreisen sowie die jeweiligen Antworten, die Ihnen hoffentlich weiterhelfen können.

Häufig gestellte Fragen

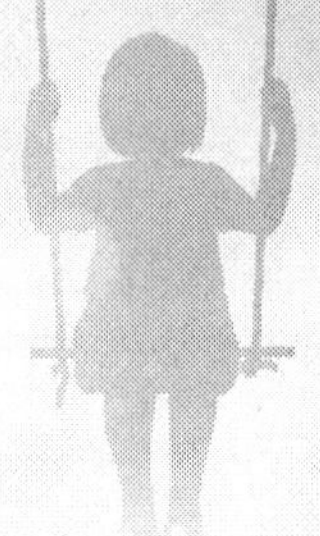

Warum träumen wir überhaupt?

Auf diese Frage gibt es verschiedene Antworten, die wahrscheinlich alle zur Wahrheit beitragen. Vermutlich hat das Träumen unter anderem den Zweck, Erlebtes und Erlerntes besser abzuspeichern zu können. Es dient zudem aber auch der geistig-seelischen Verarbeitung beglückender wie auch belastender Erfahrungen.

Kann jeder Mensch luzid träumen?

Das luzide Träumen ist eine Frage der (Selbst-) Wahrnehmung und der Übung. Vermutlich haben die meisten Menschen schon einmal Ansätze luzider Träume gehabt und dies wieder vergessen. Luzides Träumen kann jeder lernen, wenn er ausreichend Interesse und Geduld aufbringt, sich mit seinen Träumen und seiner Bewusstseinsentwicklung zu beschäftigen.

Ist luzides Träumen gefährlich?

Das luzide Träumen ist nicht gefährlicher als normales Träumen auch. Im Gegenteil: Das Klarträumen erlaubt es, sich aktiv und bewusst mit seinen bis dahin unbewussten Glaubenssätzen und Ängsten auseinanderzusetzen. Während Sie in einem „normalen" Alptraum das Gefühl haben können, dem Verfolger, oder was immer Ihnen Angst bereitet, hilflos ausgeliefert zu sein, können Sie sich ihm im Klartraum stellen. Sie können jede Traumsituation mit etwas Übung willentlich beeinflussen und gewinnen so an Selbstsicherheit. Diese Erfahrung, etwas bewirken zu können und nicht länger Opfer zu sein, kann besonders für Menschen mit einer posttraumatischen Belastungsstörung eine wichtige und lebensverändernde Erfahrung sein.

Warum wird eine Astralreise auch als außerkörperliche Erfahrung bezeichnet?

Bei der Astralreise macht der Astralreisende ganz ohne seinen physischen Körper sinnliche Erfahrungen in der feinstofflichen Astralwelt. Sein Bewusstsein verlässt bewusst den Körper und tritt in die Astral- oder Traumwelt ein.

Sind der Astralkörper und der Traumkörper das Gleiche?

Ja, der sogenannte Astralkörper wird auch als Traum- oder Emotionskörper bezeichnet.

Sind Astralreisen und luzides Träumen dasselbe?

Nein, diese beiden Formen der Wahrnehmung unterscheiden sich deutlich, haben aber auch einige Gemeinsamkeiten. Beim luziden Träumen verlässt das Bewusstsein den Körper nicht. Stattdessen ist sich der Träumende darüber bewusst, dass er träumt und kann den Traum bestenfalls sogar lenken und bewusst gestalten.

Bei Astralreisen dagegen kommt es zu einer willentlich herbeigeführten, außerkörperlichen Wahrnehmung der astralen Traumwelt.

Gemeinsam ist beiden Formen der Wahrnehmung, dass Sie bewusst herbeigeführt werden und der Reisende oder Träumende das erlebte Geschehen aktiv beeinflussen und die Traum- oder Astralwelt auf Wunsch wieder verlassen kann.

Ist es bewiesen, dass es Astralreisen und luzides Träumen gibt?

Eine Forschergruppe in Washington hat sich mittels einer ausgefeilten Technik daran gemacht, außerkörperliche Wahrnehmungen wie das astrale Reisen beweisen zu können.

Anhand unterschiedlicher Experimente, die unter anderem mit Kameras und Videobrillen stattfanden, konnten sie tatsächlich beweisen, dass Menschen imstande sind, außerkörperliche Erfahrung zu machen und Astralreisen zu erleben.

Auch das luzide Träumen wurde durch ein gut dokumentiertes Experiment mit Träumenden und Wissenschaftlern belegt. Hierbei soll es während des Klarträumens sogar zu Dialogen zwischen den gerade Träumenden und den Fragen stellenden Wissenschaftlern gekommen sein.

Nun haben Sie mannigfaltiges Übungsmaterial und Inspirationen rund um die Welt der Träume erhalten. Es ist eine Welt, in der Sie sich mit etwas Übung irgendwann einmal genauso zu Hause fühlen werden wie in der realen Welt. Vielleicht geht es Ihnen gelegentlich wie dem Dichter Zhuangzi, der sich in beiden Welten zu Hause fühlte und sah, dass eine Trennung nicht immer möglich und schon gar nicht sinnvoll ist.

Denn Träume sind eben keine Schäume, sondern ein Teil der Welt, in der wir leben.

Daher wünsche ich Ihnen angenehme Träume und erkenntnisreiche Astralreisen, auf denen Sie vermutlich die meisten Antworten auf all Ihre Fragen erhalten werden.

Ihr Henry Kuntz

Um dir mit unserem Buch einen größeren Mehrwert bieten zu können, haben wir uns dazu entschlossen, zusätzlich zum Text ein kostenloses Traumtagebuch als Download mit anzubieten. Zum Abrufen kannst du den QR Code schnell und unkompliziert mit deinem Handy oder Smartphone scannen.

Und so geht's: Du öffnest einfach auf deinem Smartphone oder deinem Tablet die KameraApp und richtest die Kamera auf den QR-Code. Wenn du eine gute Internetverbindung hast, öffnet sich das Zusatzmaterial ganz automatisch.

Falls die Kamera-App auf deinem Smartphone die Funktion zum QR-Code scannen nicht hat, kannst du den Code alternativ auch mit einer QR-Scanner-App öffnen. Wir wünschen dir viel Freude mit dem Buch!

* Original Gedicht: Footprints von Margaret Fishback Powers

Impressum

Deutschsprachige Erstausgabe April 2022

Henry Kuntz wird vertreten durch:
Elcaninov Kevin
Josef-Kuhn Straße 1
89312 Günzburg

Illustrationen: Depositphotos

ISBN Taschenbuch: 978-3-9824593-0-1

Verantwortlich für den Druck:
Amazon Distribution GmbH, Leipzig

Covergestaltung
Marie: www.wolkenart.com

Buchsatz
Danileoart: www.danileoart.com